질 　 문 　 에

관 ——— 한

질 　 문 　 들

질 문 에
관 ——— 한
질 문 들

백희정 지음

생성형 인공 지능 시대, ———————
지식의 창조자가 되는 법 ———————

노르웨이숲

생성형 인공 지능 시대,
왜 질문인가?

아마 이 책을 집어 든 독자라면 챗지피티(Chat GPT)나 구글의
바드(Bard), 혹은 국내에서 출시한 뤼튼(;wrtn) 등을 한 번쯤 사
용해 보셨으리라 생각합니다. 챗지피티가 두 달 만에 1억여
명의 가입자를 끌어모았다고 하니, 그중에 여러분도 있을 테
지요. 인공 지능 챗봇 챗지피티에 질문을 입력하면 순식간에
멋진 글을 써 줍니다. 바로 이렇게 말이죠.

"기술의 발전이 새로운 가능성과 도전을 가져오는 인공 지능 시대의 설득력 있는 탐험에 오신 것을 환영합니다. 우리는 인공 지능 시대의 심장부에 파고들어 질문의 힘을 이해하기 위한 여정을 시작합니다. 기술 혁명의 정점에 서 있는 우리는 인공 지능이 이끄는 세상에서 능동적인 탐구자로서 역할을 검토하고, 우리의 이해를 형성하는 데 있어 질문을 하고 지혜를 찾는 것의 중요성을 파악하는 것이 중요합니다."

제가 한 일은 이 책의 목차를 구성한 뒤 챗지피티에 "아래의 목차를 보고 이 책에 어울리는 소개 글을 써 줄 수 있을까? 목차는 다음과 같아······."라고 입력한 것뿐입니다. 이쯤 되면 이어질 본문 내용도 챗지피티에 맡기고 싶을 지경입니다. '설득력 있는 탐험에 오신 것을 환영한다'거나 '인공 지능 시대의 심장부에 파고들어 여정을 시작한다'는 상투적인 안내가 의도치 않게 웃음을 유발하기도 합니다. 아직 글은 보여 주지도 않았는데 제가 설득력 있다며 추켜세우고, 제가 자신의 심장부에 파고들 거라고도 하네요. 그렇지만 맹세컨대 저 목차를 구성한 것도, 앞으로 여러분과 이야기를 나눌 사람도 저입니다.

인공 지능이 고도화되더라도 결국 새로운 지식을 생성하

는 일은 인간의 몫입니다. 끊임없이 질문하고 변화를 주도하는 힘은 인공 지능과 우리를 구분하는 주요한 잣대가 될 것입니다. 사회 구성원으로 살아가면서 우리는 언어를 매개로 소통하고 그 과정에서 철학을 공유하고 이를 둘러싼 문화를 일궈 왔습니다. 인공 지능은 인간이 쌓아 온 지식을 데이터화해서 보기 좋게 정리하여 내놓습니다만, 그 데이터를 주물러 새로운 지식을 만드는 역할은 다시 인간에게 넘어옵니다.

국어 교육 연구자들은 이렇듯 변화하는 환경 속에서 우리가 리터러시 역량을 갖추어야 한다고 말합니다. 최근 뉴스 기사에서도 미디어 리터러시, 디지털 리터러시와 같은 말을 쉽게 찾아볼 수 있지요. 리터러시(literacy)는 협의에서 '읽고 쓰는 능력'을 가리키지만, 점차 '특정한 사회·문화적 맥락에서 다양한 기호 자원을 활용하여 소통할 수 있는 역량'으로 의미역이 확대되고 있습니다. 미디어 리터러시는 '여러 유형의 미디어를 비판적으로 분석하여 활용할 수 있는 능력'으로, 디지털 리터러시는 '디지털 기기를 능숙하게 다루고 디지털 자료를 잘 부려 쓰는 능력' 정도로 정의해 볼 수 있겠습니다. 디지털 정보 사회에서는 디지털 기기를 다룰 줄 아는 사람과 그렇지 못한 사람 간에 정보 격차가 크게 나타납니다. 그리고 수많은 정보 가운데서 거짓을 가려내는 비판적 읽기 능력이나,

정보를 윤리적으로 활용하는 태도도 중요해졌지요. 누구나 쉽게 정보에 접근하고 정보를 수정할 수 있기 때문입니다.

인공 지능 시대에 필요한 리터러시는 무엇일까요? 인공 지능도 결국은 인간이 생산한 데이터에 기반하기 때문에, 디지털 정보 사회에서 강조해 온 역량은 여전히 중요할 것입니다. 그런데 최근 인공 지능 기술을 비롯해 다양한 분야의 연구에서는 인공 지능 기반의 리터러시 환경에서 인간이 기호로 소통하고 자원을 운용하는 과정이 '질문'을 통해 이루어지고 있다는 사실에 주목하고 있습니다.

사실, 질문은 우리가 늘 강조해 왔습니다. 수업이 끝나면 교사는 학생들에게 습관처럼 질문이 있는지 묻습니다. 교실이나 타인과 소통하는 상황이 아니라도 우리는 자기 자신에게 질문을 던지기도 하지요. 책을 읽을 때를 떠올려 보세요. '이 사람이 하려는 말이 무엇이지?' 하고 소리 없이 묻는 지금, 우리는 우리 자신에게 질문을 하고 있습니다. 이후에 구체적으로 살펴보겠지만, 질문은 지식의 빈자리를 메우려는 인간의 호기심에서 비롯하는 화행(話行)이자, 교육 차원에서는 학습자의 이해 수준을 예측하는 가늠쇠입니다.

인공 지능 시대에 질문은 인간과 인공 지능을 매개하는 언어적 수단으로서 점차 그 비중이 커지고 있습니다. 최근 언어 생성형 인공 지능의 공학적 특성을 고려하여 '프롬프트 (prompt)'를 전문적으로 생성하는 '프롬프트 엔지니어'가 유망 직업으로 떠오른 현상 역시, 우리 사회가 질문의 중요성에 깊이 공감하고 있음을 짐작하게 합니다. 언어 생성형 인공 지능에 정보를 요청할 때 입력하는 질문 또는 요청 형태의 명령어를 프롬프트라 하는데, 사용자가 프롬프트를 어떻게 입력하는가에 따라 인공 지능은 확연히 다른 정보를 내놓습니다. 구체적인 조건을 포함해 프롬프트를 입력하면 더 그럴듯한 결과를 얻을 수 있지요.

그렇다면 우리는 인공 지능에 어떻게 질문해야 할까요? 네이버나 구글과 같은 웹사이트를 거치는 온라인 읽기에서 그랬듯이, 정보를 얻으려면 우선 특정 매체를 능숙하게 다룰 줄 알아야 합니다. 인터넷에서 정보를 찾기 위해 검색어를 입력하거나 웹페이지를 전환하는 등의 읽기 행위는 인터넷의 공학적 특성을 이해하는 데서 출발합니다. 인공 지능 기반의 환경에서는 프롬프트가 그 기능을 대신합니다. 그래서 대형 서점과 인터넷 서점을 들여다보면 프롬프트를 효과적으로 입력하는 방법을 일러 주는 서적이 발 빠르게 출간되고 있지요.

다시, 프롤로그의 제목으로 돌아가 보겠습니다. 인공 지능 시대에 우리는 왜 '질문'에 주목해야 할까요? 우리는 질문으로 인공 지능에 접근하고, 원하는 정보를 얻을 수 있습니다. 그렇기에 질문을 입력하는 효과적인 방법을 익힌다면 큰 도움이 될 테지요. 하지만 정보를 습득하는 일은 인간만이 할 수 있는 고유한 과업은 아닐 겁니다. 인공 지능도 대용량 데이터를 한데 끌어모아 가지고 있으니까요. '질문'은 인공 지능과 접촉하는 수단이지만, 잘 활용한다면 인간의 위상을 공고히 해 줄 리터러시 도구가 될 수도 있습니다. 질문을 시작으로 인간은 새로운 지식을 또다시 만들어 갈 테니까요.

인공 지능과 살아갈 이 시대에 질문의 중요성과 의미를 다시금 조명하고 탐구하기 위해 이 책을 썼습니다. 우리는 인공 지능을 통해 무수한 정보에 접근할 수 있게 되었지만, 그것만으로는 충분하지 않습니다. 선현들이 그러했듯이, 현명하고 깊이 있는 질문을 통해 주체적으로 지식을 구축하고 확장해 가야 합니다. 여러분이 다룰 수 있는 '질문'의 범위는 넓고 그 유형도 다종다양할 테지만, 제 소양의 한계로 이 책에서는 리터러시 관련 연구 결과들을 중심으로 질문의 여러 양상을 탐색해 볼 것입니다.

이 책은 여러분이 인공 지능 시대에 '질문하는 인간'으로서 지식 탐구와 창조적 사고를 하는 방법을 제안합니다. 다양한 예시와 가이드라인을 제공하여 독자들이 자신만의 효과적인 질문 습관을 개발할 수 있도록 돕는다는 점에서 실용서의 성격을 띠기도 합니다. 학생, 연구자, 비즈니스 전략가, 그리고 탐구적으로 질문하는 법이 궁금한 모든 사람에게 조금이라도 도움이 되기를 기대합니다. 질문을 던져 삶에서 창조의 가능성을 발견해 보세요.

이 책은 2부로 나뉩니다. 1부에서는 '언제, 어디에서, 어떻게 질문하는가'를 주제로 이야기를 나눕니다. 1부 1장에서는 우리가 일상생활에서 어떤 질문을 어떤 방식으로 주고받는지 다양한 사례를 살펴보려 합니다. 나와 상대를 알면 싸움에서 위태로워지지 않는다고 합니다.('질문'이 여러분에게 싸움을 거는 것은 아니지만요.) 여기서는 여러분이 질문한 경험도 떠올려 보셨으면 좋겠습니다. 2장에서는 '질문'의 본질이 무엇인지를 밝혀 볼 것입니다. 물음표가 붙는다고 해서 다 질문은 아니겠지요. 질문과 질문 아닌 것을 변별하고 질문의 생성 과정을 탐색해 보면서 질문의 '심장'에 다가설 것입니다. 3장에서는 변화하는 리터러시 환경에서 질문의 형태가 어떻게 변화하고 있는지를 살펴보겠습니다. 앞서 챗지피티가 소개했듯 '설득력 있는 탐험'에 오신 것을 미리 환영합니다.

2부에서는 인공 지능 시대에 질문하는 인간이 되기 위해 '어떻게 질문할 것인가'를 탐구해 봅니다. 4, 5, 6장에서는 인공 지능이 만들어 낸 그럴듯한 텍스트를 어떻게 수용해야 하는지, 질문의 '대상'인 인공 지능에 질문하는 것의 진정한 의미가 무엇인지, 그리고 질문의 '주체'로서 인간은 어떤 태도를 지녀야 하는지를 차례로 이야기할 것입니다. 7장에서는 진정 힘이 있는 질문은 어떠한 모습을 띠는지, 질문의 탐구적 속성과 연속적인 대화의 속성을 들어 설명해 볼 것입니다. 우리가 준비한 질문을 챗지피티에 던져 보는 실천의 장이기도 합니다. 자, '인공 지능 시대의 심장부에 파고들어 질문의 힘을 이해하기 위한 여정'에 오를 준비가 되셨나요?

끝으로, 이 책은 처음부터 차례로 읽기를 권합니다. 인간에게 질문이란 무엇인지에 대해 좀 더 근본적으로, 폭넓게 접근하고자 했기 때문입니다. 처음부터 찬찬히 읽으며 질문이 갖는 의미를 차분히 톺아보길 바랍니다. 번거롭더라도 각 장 내용을 읽기 전에 여러분이 이미 알고 있는 내용이 무엇인지, 알고 싶은 내용은 무엇인지 꼭 질문해 보기를 권합니다.(초등학교 국어 수업에서는 으레 하는 과정입니다.) 질문을 떠올리는 것도 쉬운 일이 아니지만, 원하는 내용이 이 책에 다 있지는 않아 당혹감을 느낄지도 모르겠습니다. 그 점은 오히려 저로서는 좋은 일입니다. 여러분이 이 책을 읽으며 생성한 질문이, 또 다른 책을 찾아 나서야 할 이유가 될 테니까요.

차례

questions
about a question

언제, 어디에서,
무엇을 질문하는가

우리는 언제
질문하는가?

1

밸런스 게임을 아시나요? 양자택일 상황에서 무엇을 선택할지 묻는 놀이입니다. 짓궂은 질문도 많지만 무난한 예시를 들어 보겠습니다. '맞춤법을 매일 틀리는 애인'과 '내가 맞춤법을 틀릴 때마다 지적하는 애인' 중 누구를 선택하겠습니까? 이런 질문을 묻고 되묻다 보면 어렴풋하게나마 상대를 알아가는 재미가 있습니다. 어떤 행동을 할지 선택하는 데에서 그 사람의 가치관을 엿볼 수 있기 때문이지요.

여러분은 MBTI가 무엇인가요? 처음 만난 사람, 알고 지

낸 사람 가릴 것 없이 요즘은 으레 서로의 MBTI를 묻곤 합니다. 성격을 16가지 유형으로 구분 짓는 것은 얼토당토않다며 손사례를 치는 사람도 있습니다만, 제법 그럴듯하게 들릴 때도 있습니다. 참고로 저는 ENFP입니다. 한 웹사이트에서 제공하는 해설에 따르면 ENFP들은 '활기차고 낙관적인 태도로 다른 사람들과 깊고 의미 있는 관계 맺기를 추구한다'고 합니다. 그런데 웬걸요, 조금 더 찾아보니 누군가는 '머릿속이 온통 꽃밭'인 사람이라 묘사하기도 하네요. 현실성이 떨어지고 자기가 생각하고 싶은 대로만 생각한다는 뜻이라고 합니다.(말이 좀 심한데 발끈하면 인정하는 꼴이겠지요)

사실 MBTI는 자기 보고식 검사라서 '내가 판단하는 나'에 대한 정보를 제공합니다. 그래서 '나'의 본질을 그대로 보여 준다고 하기엔 왜곡의 여지가 있고, 누군가에게 비춰지기를 원하는 '사회적 나'의 모습에 더 가깝습니다. 그럼에도 우리는 서로의 MBTI를 물으면서 상대방의 성향이 대체로 어떠할지 짐작해 봅니다. 상대에 관해 더 알고 싶을 때는 추가 질문을 하기도 하지요. '사교 모임을 좋아하냐'거나 '여행을 갈 때 계획을 철저하게 세우는 편인가' 하는 식으로요. 그러고 보면 우리는 질문하기를 참 좋아합니다. 어떤 질문은 상대에게 무례를 범할까 봐 내뱉지 않을 때도 있지만, 궁금한 마음은 숨기기 어렵지요.

질문은 일상에서 자연스럽게 주고받는 발화의 한 유형이기도 하지만, 그간 읽기 연구에서는 학습자의 독해를 지원하는 교수·학습 전략으로서 주요하게 다루어 왔습니다. 국어교과서를 한번 떠올려 보세요. 글을 한 편 읽고 나면 내용을 파악했는지 확인하는 질문이 두세 개 나옵니다. 교과서의 페이지를 앞뒤로 넘겨 가며 문제를 풀었던 기억이 나시는지요? 교과서의 독해 질문은 글의 세부 정보를 요구하기도 하고, 필자의 주장이나 의도를 묻기도 합니다.

사실적 질문, 꼼꼼하게 읽기

독자는 질문의 답을 찾는 과정에서 글을 더 넓고 깊게 이해합니다. '사실적 질문'을 시작으로 글 속에서 사실 정보를 확인합니다. 아주 세세한 사항까지도요. 이를테면 '주인공이 첫 번째로 도착한 곳은 어디인가?'라든가 '두 사람은 언제 만났는가?'와 같은 질문입니다. 문면에 명시적으로 드러난 정보를 꼼꼼하게 파악하기 위한 물음이지요. 차분히 읽기만 하면 글안에서 찾을 수 있는 정보를 구태여 왜 확인하게 하느냐고 생각할지도 모르겠습니다. 그러나 과연 우리는 텍스트를 꼼꼼하게 읽고 있습니까?

2006년, 덴마크의 웹 사용성 연구 권위자 야코브 닐센(Jakob Nielsen)은 독자들이 웹 페이지를 읽을 때 F 자 형태로 읽는다는 점을 밝혀냈습니다.* 다음 히트맵(heatmap)**에서 빨간색은 사용자가 오래 응시한 부분을, 노란색은 시선 고정 시간이 비교적 짧은 부분을 나타냅니다. 파란색과 회색은 사용자가 시선을 거의 두지 않았음을 나타냅니다. 사용자는 텍스트의 어느 부분을 읽고 있습니까?

연구에 따르면, 사용자들은 텍스트의 위쪽에서 수평으로

●

야코브 닐센과 도널드 노먼(Donald Norman)은 1998년에 닐슨노먼그룹(Nielsen Norman Group NN Group)을 설립하고 인터넷 사용자 경험(UX, User Experience)에 관한 연구를 오랫동안 해 왔다. 사용자 경험이란 사용자가 시스템이나 서비스, 제품 등을 이용할 때 느끼는 총체적인 경험을 뜻한다. 닐슨노먼그룹은 이베이, 구글, 소니 등 세계적인 기업의 사용자 경험을 조사하고 이에 대한 컨설팅을 해 왔다. 이들은 시선 추적 장치를 활용해서 사용자 232명이 웹사이트를 읽는 시선 양상을 확인했는데, 이 실험에서 F 자 형태의 공통된 시선의 패턴을 발견했다.

●●

히트맵은 열을 뜻하는 'heat'와 지도의 'map'을 합성한 단어이다. 색상 차를 통해 데이터 분포를 시각화해 주는 차트이다. 시선 추적 장치로 수집한 데이터를 표현하거나 뇌 활성도 등을 그래픽 형태로 출력할 때 활용한다.

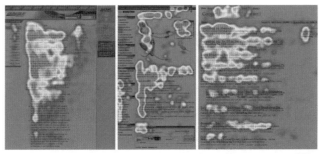

Eyetracking by Nielsen Norman Group nngroup.com N N/g

F 자 형태의 사용자 시선 히트맵(닐센, 2006) ————————————

이동하며 읽습니다. 그리고 아래 줄로 내려갈수록 수평으로 이동하는 거리가 짧아집니다. 문장을 끝까지 읽지 않는다는 뜻이지요. 마지막으로 텍스트의 왼쪽에서 수직으로 훑어 읽습니다. 자, 이제 시선의 형태가 보이시나요? 텍스트의 상단과 왼쪽에 치우친 시선이 희미하게 보일 것입니다.***

　우리는 단어와 단어, 문장과 문장을 생각보다 꼼꼼하게 읽지 않습니다. 전체 글에서 첫 한두 문단을 부지런히 읽을 뿐 이하의 문단은 눈으로 빠르게 훑어 읽지요. 스마트폰으로 기사를 볼 때 자신의 모습을 떠올려 보세요. 보통 제목을 보고 첫 문단의 한두 문장을 읽은 뒤에는 댓글을 확인하려고 스크롤을 하단으로 내리지 않습니까?

또 다른 예로 초등학교 교실의 모습을 살펴볼까요? 아이들에게 교과서의 제재를 읽어 보라고 합니다.(제재는 학습을 위해 사용하는 텍스트를 가리킵니다.) 어떤 아이는 3분이 채 지나지 않았는데도 5쪽이 넘는 글을 다 읽었다며 손을 듭니다. 또 어떤 아이는 그보다 두 배 이상의 시간을 들인 뒤에야 겨우 손을 들지요.

잠시 후 교사는 글 내용을 충분히 이해했는지 확인하기 위해 몇 가지 질문을 던집니다. 빨리 읽은 아이는 쉽게 답을 할 수 있을까요? 빠르게 읽는 아이는 답도 빠르게 하는 경향이

•••

2017년, 닐슨노먼그룹의 카라 퍼니스(Kara Pernice)는 F 자 패턴 외에도 '케이크층(Layer-cake)' '점무늬(Spotted)' '표시(Marking)' '우회(Bypassing)' '전념(Commitment)' 형태의 패턴을 발견했음을 추가로 보고한 바 있다. 케이크층 형태는 제목과 부제목을 훑은 뒤 그 아래의 텍스트는 건너뛰는 양상을, 점무늬는 큰 텍스트는 주시하지 않고 링크나 숫자, 기호 등을 특정하여 응시하는 경우를 가리킨다. 표시 패턴은 마우스를 스크롤하거나 손가락으로 페이지를 쓸어 올릴 때 눈을 한 곳에 고정하는 상태를, 우회 패턴은 여러 문장에 걸쳐 동일한 단어로 시작하는 경우 그 단어를 건너뛰는 양상으로 나타난다. 전념 패턴에서는 예외적으로 모든 페이지를 다 읽는 모습이 보이는데, 사실상 주제에 매우 높은 관심을 가진 경우에 한정된다. 퍼니스는 전념 패턴으로 읽는 독자가 많으리라는 기대는 하지 말라고 덧붙여 설명하고 있다.

있는데 그 답은 구체적이지 않고 두루뭉술하지요. 이런 아이들은 눈으로 대략의 내용만 파악하고는 자신이 텍스트를 모두 이해했다고 착각합니다. 하지만 문면에 드러난 정보조차 정확히 모르는 상태에서 더 깊이 있는 해석이 이루어지기는 어렵습니다.

추론적 질문, 의미 사이에 다리 놓기

'추론적 질문'은 독자를 섬세하게 만듭니다. 가령 '갑자기 비가 내렸다. 나는 집에 흠딱 젖은 채로 돌아왔다.'라는 문장을 볼까요? '나'는 왜 비를 맞았을까요? 전후 상황을 다 알 수는 없지만, 독자는 '나'에게 우산이 없었거나 있어도 쓰지 않았음을 자연스럽게 이해합니다. 의미와 의미 사이에 독자 스스로 다리를 놓는 것입니다.

우리가 읽는 글들은 얼기설기 직조한 천 조각과 같습니다. 텍스트(text)는 '직조하다'라는 뜻의 라틴어 texere에서 기원했다고 하지요. 필자는 문자와 낱말, 문장을 씨실과 날실로 삼아한 편의 글을 짜 냅니다.* 이때 필자는 실과 실 사이에 여백을 둡니다. 의도하건 하지 않건 말입니다. 필자는 가능한 한 효율적으로 글을 씁니다. 이를 언어 표현의 '경제성'이라 하는데,

필자는 독자와 소통하는 데 꼭 필요한 정보만을 언어로 표현합니다. 아무리 가진 정보가 많다고 해도 무한정 정보를 쏟아낼 수 없는 노릇이니까요. 독자가 알고 있을 법한 정보나 자연스럽게 알아낼 수 있는 정보는 구태여 제공할 필요가 없습니다. 필자가 생략한 정보는 자연스럽게 독자가 글을 읽으며 채워 가야 할 공간으로 남겨집니다.

추론적 질문은 글의 의미를 풍부하게 만들기도 합니다.

For sale: baby shoes, never worn

(한 번도 신지 않은 아기 신발을 판매합니다)

●

여기에서는 텍스트의 형태적인 측면에서 씨실과 날실을 단어와 문장에 비유했다. 이를 텍스트 내용이 형성되는 과정에 빗댄다면 기호학자 줄리아 크리스테바(Julia Kristeva)가 사용한 상호 텍스트성(intertextuality)의 개념을 간단하게나마 언급할 필요가 있다. 우리가 현재 읽는 텍스트는 홀로 창조된 결과라 할 수 없다. 텍스트 한 편이 만들어지기까지 유사한 주제 의식과 이야기 소재, 사회·문화적 배경 등을 공유하는 또 다른 텍스트들이 무수히 얽혀 영향을 미치기 때문이다. 텍스트는 어느 한 필자가 만들어 낸 고유한 창작물이기 이전에, 기존 텍스트들과 관습을 공유하며 변형된 결과라 할 수 있다. 이를테면 고전 동화 『아기돼지 삼형제 이야기』를 패러디한 존 셰스카(Jon Scieszka)의 『늑대가 들려주는 아기돼지 삼형제 이야기』는 인물과 소재를 공유하면서도 주인공의 시점에 변화를 준, 상호 텍스트성을 지닌 작품이라 할 수 있다.

어니스트 헤밍웨이의 단편 소설입니다. 저 한 문장이 소설 전체지요. 어떤 설명이 더 필요할까요? 우리는 능히 아기 신발을 내놓은 연유를 짐작할 수 있습니다. 독자는 글에서 찾은 단서 외에도 배경지식, 신념, 가치관 등을 활용해 텍스트의 빈자리를 채웁니다. 텍스트가 만들어진 사회·문화적 맥락이나 독자가 텍스트를 읽는 당시의 상황도 이 작업에 기여하지요.

하지만 추론하며 읽기는 꽤나 적극적으로 텍스트를 뜯어보아야 가능합니다. 그래서 교사는 질문을 마중물 삼아 학습자를 독려합니다. 글을 읽으며 어디에서 무엇을 덧대어 볼 수 있을지 고민해 보도록 말이지요.

비판적 질문, 본질로 다가가기

비판적 질문은 독자가 눈과 귀를 차갑게 유지하게 합니다. 무언가를 비판한다고 하면, 우리는 상대방의 허점을 드러내는 날 선 대화를 떠올리기 쉽습니다. 하지만 비판은 상대를 힐난하는 것과는 다릅니다. 대상이 사람이건 텍스트건 간에 트집거리를 잡아 물어뜯는 일은 상대를 거북하게 만들 뿐입니다. 물론 그런 힐난이 아니더라도, 비판 역시 듣는 이에게 썩 유쾌한 일은 아닙니다. 글 쓴 사람의 변명을 뒤로한 채 '왜 그러하냐?' 하고 따져 물으며 파고들기 때문이지요.

그럼에도 텍스트와 필자를 향한 비판적 질문은 반드시 필요합니다. 갓 나온 텍스트는 필자가 힘주어 쓴 탓에 뜨겁습니다. 필자는 정보가 더 유용해 보이도록 과도한 포장을 덧대기도 하고, 주장을 강하게 피력하다 사실을 편향된 시선으로 점철해 버리기도 합니다. 텍스트 속에서 알맹이를 꺼내려면 포장과 과한 덧칠을 벗겨 내는 일이 선행되어야 합니다.

'저자'의 죽음을 역설한 롤랑 바르트(Roland Gérard Barthes)의 말마따나 텍스트는 기호일 뿐 의미를 완성하는 역할은 독자에게 있습니다.* 우리는 글을 읽으며 분투합니다. 필자가 사용한 표현과 이를 통해 전하고자 하는 메시지를 분석하고 평가합니다. 때로는 필자가 의도적으로 숨겨 둔 의도를 간파하고, 문면 아래 깔린 이데올로기를 날을 세워 파헤치기도 합니다. 텍스트를 한 김 식혀 본질로 다가가는 작업을 우리는

●

바르트는 저서 『저자의 죽음(La Mort de L'auteur)』에서 "독자의 탄생은 저자의 죽음이라는 대가를 치러야 한다"라고 역설했다. 흔히 '작품'이라 부르는 것은 사실, 독자가 해석과 재생산을 통해 의미를 창출하는 대상인 '텍스트(기호)'라는 것이다. 바르트에 따르면 우리는 '저자와 작품'이라는 기존 구도에서 탈피해, 텍스트를 비판적으로 해석하는 주체적인 역할을 가진 독자로 자리매김한다.

비판적 읽기라고 하지요. 비판적 질문이 필요한 읽기 상황을 한 가지 살펴보겠습니다.

'키 크는 약'에 관해 들어 본 적이 있나요? 일부 건강 기능 식품 광고에서 '하루 1알만 먹어도 성장기 아동의 발육에 탁월한 효과를 볼 수 있다'는 식의 자극적인 문구를 한 번쯤은 보셨을 겁니다. 아이를 키우는 부모는 물론이고, 성장판이 일찍 닫힐까 전전긍긍해 본 사람이라면 누구나 솔깃할 만합니다. 의학적인 효과가 있다는 식의 허위 과장 광고는 소비자를 기만하는 행위입니다. 하지만 1cm가 간절한 사람은 결국 지푸라기라도 잡고 싶습니다. 하지만 이런 상황에서도 광고문 내용이 사실인지, 과장된 표현은 없는지 조금 더 차갑게 질문할 필요가 있습니다.

더 깊게 들어가 보겠습니다. 최근 흥미로운 기사를 하나 보았습니다. 아이폰 광고에 대한 비판을 담고 있었습니다.(우측 QR 코드로 광고를 함께 보셔도 좋습니다.) 골자는, 애플사가 소비자의 '죽음'을 마케팅 수단으로 남용하고 있다는 것입니다. 애플사는 애플 워치와 아이폰에 내장된 심박수 확인 기능이나 SOS 기능 덕분에 생존한 사람들의 모습을 연출했습니다. 아이폰을 곁에 두면 위급할 때 도움을 받을 수 있으리라는 기대가 자연스럽게 연상됩니다. 기사에서는 죽음에 대한 인간의 두려움을 역이용해 제품을 판매하려는 의도가 광고에 깔려 있다고 지적했습니다.* 아이폰이 없으면 죽음에 이를 수 있다는 메시지를 내포하고 있다는 것이지요. 애플사의 본심이 어떠하건 광고의 이면에 숨겨진 제작자의 의도를 간파해 내는 시도, 그것은 비판적 질문에서 시작합니다.

편향된 독자

온라인과 인공 지능 리터러시 환경에서 비판적 질문은 점차 그 중요성이 커지고 있습니다. 검증되지 않은 가짜 뉴스가 우리의 눈과 귀를 막기 때문이지요. 우리는 그럴듯한 광고에 현혹되기도 하지만, 광고의 본래 목적을 잘 알고 있습니다. 물건을 파는 것이지요. 그래서 광고의 표현이나 내용이 과장될 수 있음을 어느 정도 예상할 수 있습니다.

　뉴스는 다릅니다. 비판적인 독자임을 자신하는 사람도 작

●

The Verge, 최종 검색일: 2023. 9. 17.
https://www.theverge.com/23875558/apple-watch-iphone-ads-emergency-sos-satellite-connectivity

정하고 만들어 낸 가짜 뉴스에는 당하고 맙니다. 뉴스가 사실에 기반해 작성될 것이라는 기대를 가지고 있기 때문이지요. "아니 땐 굴뚝에 연기 나랴"라는 속담은 가짜 뉴스에 관한 한 참으로 위험합니다. 가짜 뉴스는 굴뚝의 연기로 그치지 않고, 불이 났다며 거짓을 떠벌리기도 하니까요. 가짜 뉴스는 존재 자체로 음모가 시작되는 발화점이 되기도 합니다.

2016년 미국 대선 기간에 터진 '피자 게이트' 사건을 기억하시나요? 당시 힐러리 클린턴 후보가 아동 성 착취범으로 몰렸지요. 힐러리 클린턴의 대통령 선거 운동 책임자의 메일에서 인신매매와 아동 성매매 정황이 발견되었다는 뉴스가 그 시작이었습니다. 투표를 한 주 앞두고, 힐러리가 워싱턴 D.C.의 한 피자 가게 지하실에 아이들을 감금해 두었다는 소식이 미국 전역에 퍼졌습니다. 아직까지 진실이 분명하게 밝혀지지 않았지만, 아동 성 착취 정황이 의심되는 후보를 국가 원수로 선출하기란 쉽지 않을 일입니다. 가짜 뉴스가 위험한 이유는 진실이 밝혀지는 과정보다 뉴스가 퍼져 나가는 속도가 훨씬 더 빠르기 때문입니다. 그리고 정보를 받아들이는 독자들이 편향되었다면, 이미 쏟아진 거짓은 주워 담을 수 없게 됩니다.

인간은 불확실한 상황에서 비이성적인 판단을 내릴 수 있는 존재입니다. 고정관념에 의해 편향될 수 있지요. 수많은 자료를 검토해도 자신의 신념이나 경험에 근거해 자료를 치우쳐 해석한다면, 결국 '사실'마저도 자신이 믿고자 하는 단 하나의 진실로 귀결되기 마련입니다.

편향된 독자는 객관성과 공정성을 잃기 쉽습니다. 객관성이 부족한 독자는 자신을 중심으로 텍스트를 해석합니다. 제멋대로 읽는다는 뜻입니다. 공정하지 않은 독자는 이해관계가 대립하는 논쟁적인 상황에서 정보를 중립적으로 읽지 못합니다. 편을 든다는 말입니다.

우리는 기존의 경험이나 신념을 틀 삼아 새로운 정보를 재단하는 경향이 있습니다. 그 틀이 견고할수록 '제멋대로' 글을 읽을 가능성이 크고, 패턴이 특정 방향을 가리키면 '편을 들며' 읽습니다. 이러한 경향을 확증 편향(confirmation bias)이라 합니다. 흔히 확증 편향을 가리켜 '보고 싶은 것만 보는 것'이라고 하지요.

피자 게이트 이야기로 돌아가 보겠습니다. 힐러리를 열렬히 지지하는 사람이라면 뉴스를 보고 이렇게 질문할 테지요. "성 착취라니, 이게 무슨 헛소리야? '치즈 위에서 도미노 게임을 하는 게 파스타에서 하는 것보다 나을까요?(Do you think I'll do better playing dominos on cheese than on pasta?)'*라는 말이 어째서 성매매의 증거가 될 수 있지?" 그러고는 기사 내용이 정말 사실인지 여부를 확인하겠지요.

하지만 힐러리를 지지하지 않는 사람은 기사 내용을 보완할 증거를 더 모을지도 모릅니다. "'피자'는 소아성애자들이 사용하는 대표적인 은어야. '치즈'는 소녀를, '파스타'는 소년을 뜻하니까…… 힐러리가 드디어 미쳤군!" "가게 사장이 입은 옷에 '아이를 사랑한다'고 쓰여 있잖아. 역시 피자 가게가 성매매의 근거지였어." 이런 식으로요. 이미 힐러리가 부도덕하다고 믿는 사람은 힐러리의 입장을 뒷받침하는 근거를 원하지 않습니다. 그보다는 자신의 믿음을 공고히 할 자료를 찾아 나섭니다.

●

당시 유출된 메일에서 'Do you think I'll do better playing dominos on cheese than on pasta?'라는 문장은 '내가 '소녀' 위에서 도미노를 하는 것이 '소년' 위에서 하는 것보다 나을까?'라는 뜻으로 해석되기도 했다. cheese는 소녀를, pasta는 소년을 가리키는 은어라는 주장에서였다.

유능한 독자는 무엇을 묻는가

아마 유능한 독자라면 앞에서 예시한 세 가지 장면에서 이렇게 질문할 것입니다.

- 저 식품이 키 성장에 구체적으로 어떤 효과를 줄 수 있지?
- 키 성장에 도움이 된다는 신뢰할 만한 임상 실험 결과가 있나?
- 애플사의 이전 광고에도 유사한 정황이 있었을까?
- 어떤 대상에게 이 영상이 부정적인 영향을 줄 수 있을까? 이 영상이 부정적인 영향을 끼칠 수 있는 대상이 있을까?
- 휴대폰이 아닌 다른 상품의 광고에서 소비자의 안전을 마케팅에 사용한 사례는 없나?
- 힐러리가 성매매를 했다는 추가 증거가 확보되었나?
- 기사를 낸 매체는 어떤 정치적 성향을 지녔을까?

우리는 상대방을 알아 가는 도구로 '질문'을 애용합니다. 밸런스 게임도, MBTI도 그중 하나지요. 또 학습자가 텍스트를 더 깊게 이해하도록 돕기 위해 질문을 도구로 활용하기도 합니다. 때로는 학습자가 텍스트를 읽으며 떠올린 질문으로

그의 이해 수준을 가늠하지요.(안타깝게도 학생들은 질문도, 질문에 대한 답도 기꺼운 마음으로 하지는 않는 듯합니다.) 물론 웹사이트에 검색어를 입력하는 일도, 인공 지능에 프롬프트를 입력하는 일도 '질문'의 한 모습입니다.

하지만 어떤 때는 질문하지 않기도 합니다. 어쩌면 '못한다'는 표현이 더 적확할지도 모르겠습니다. 무언가 새로운 지식을 배우거나 누군가의 의견에 반론을 제기하는 상황처럼 꼭 물어야 할 때도 말이지요. 수업이나 강연을 마칠 때면 교수자는 통과 의례처럼 질문이 있는지 청중에게 묻습니다. 이런 순간에, 저 또한 손을 들어 본 적이 없습니다. 누군가 나 대신 손을 들어 침묵을 깨 주거나, 아무도 들지 않아서 수업이어서 끝나기를 바랄 뿐이었지요. 일상에서는 쉽게 주고받는 질문이 왜 이런 자리에서는 쉽사리 나오지 않는 것일까요?

침묵하는 교실에서는 다가올 쉬는 시간이 상황을 모면해 준다지만, 입을 열지 않는 언론은 거센 질책을 받기도 합니다. 이와 관련해서 2010년 G20 서울 정상회의 폐막식에서의 사례가 자주 언급됩니다. 오바마 전 미국 대통령이 정상회의 개최국인 우리나라 언론에 질문 기회를 주었지만, 기자들은 끝내 침묵했습니다. 그 일로 질문하지 않는 우리의 면모가 세계에 드러났다며 뭇매를 맞았지요. 다 큰 성인들이 왜 질문 하나

하지 못해서 곤욕을 치른 걸까요? 적어도 공교육을 받는 10여 년 동안 교과서에 나온 숱한 질문을 해결해 왔을 텐데요.

제가 아는 한, 질문을 가장 잘하는 사람은 '어른'이 아닌 '어린이'입니다. 어린아이는 생후 20개월쯤 되면 여기저기를 가리키며 "이게 뭐야?" 하고 묻습니다. 무엇이 그리 궁금한지 하루 종일 질문을 합니다. 눈에 넣어도 안 아픈 내 아이라지만, 쏟아지는 질문 세례를 받고 있자면 짜증이 불쑥 올라오기도 한다는 동료들의 이야기도 많이 들었습니다.

만 3세가 지나면 아이는 "왜요?" 시기를 맞이합니다. 하루에도 수십 번씩 어른에게 "왜요?" 하고 묻지요. 태어나 보니 주변의 모든 것이 새롭고 흥미로운 어린아이들은 '이게 무엇인지' 궁금해합니다. 그리고 언어 사용 능력이 조금 더 발달하면서 어른들과 논리적으로 대화하고 싶어 합니다. 그러다 보면 자연히 사람과 사물들의 관계에도 관심을 가지게 되지요. 어린아이들은 어른들이 간혹 신경질을 내도 조금 주저하다가 다시 묻습니다. 이게 뭐고, 왜 그런 것이냐고요.

세월의 무상함은 접어 두고, 우리는 스스로에게 질문해야 합니다. '나는 언제 질문했는가?' '나는 어디에서 질문을 했는가?' '어떤 질문을 했는가?'에 대해 묻고 답해 보십시오. 나는 질문하는 사람입니까? 질문한다는 것은 진정으로 어떤 의미입니까? 다음 장에서는 질문이라는 행위의 성격을 좀 더 깊게 이야기해 보겠습니다.

물음표만 붙으면
질문인가?

2

"그걸 질문이라고 하니?"라는 말을 들어 보셨나요? 구태여 묻지 않아도 당연한 것이라는 속뜻을 담고 있지요. 저렇게 말하는 사람에게 가끔은 되묻고 싶습니다. "그걸 대답이라고 하니?"라고요. 우리가 가진 정보의 양과 질은 서로 다릅니다. 정보의 차이는 질문을 만들어 내는 가장 큰 동력입니다. 나에게 없는 정보를 메우려는 시도가 질문으로 드러나기 때문입니다. '물어서 뭐하냐'라는 말은 영어로는 'Are you serious?'로도 번역할 수 있는데, 정말 궁금해서 물은 사람에게 이런 말은 상처가 될지도 모르겠습니다. 질문자 딴에는 가벼운 농담이 아닐 수도 있으니까요.

'그걸 질문이라고 하느냐'는 말은 상대와 내가 같은 처지, 즉 같은 의사소통 맥락에 놓여 있다고 생각하기에 나옵니다. 너와 내가 이 정도 정보는 공유하고 있다는 전제지요. 한 예로 이른 아침 서울의 출근길에서 두 사람의 대화를 들 수 있습니다. A가 질문합니다. "지하철에 사람 많겠지?" B는 대답합니다. **"그걸 말이라고 하냐?** 평소보다 일찍 나왔으니 덜 붐비기를 바라는 수밖에." A와 B는 종종 지하철을 함께 타는 사이일 겁니다. '지옥철'의 괴로움을 알고, 상대방도 그 점을 당연히 알고 있다고 생각하겠지요.

다른 예를 들어 볼까요? 한 아이가 부모에게 질문합니다. "엄마, 배추흰나비는 흰색이지?" 20분 동안 배추흰나비의 한살이를 다룬 그림책을 읽어 주던 부모는 이렇게 말할지도 모릅니다. **"당연하지.** 지금까지 같이 읽었잖아." 같은 책을 읽은 사람이라면 알 법한 정보를 모른다고 하니, 부모는 아이가 집중을 하지 않았다고 생각할지도 모릅니다. 혹은 '아니, 흰색이니까 흰나비지. 왜 이런 질문을 하는 거야?'라며 당혹감을 느낄 수도 있습니다. 어른과 아이, 숙련자와 초보자의 대화에서 흔히 있는 일입니다.

그런데 아이의 입장을 좀 더 들어 보아야 하지 않을까요? 배추흰나비의 한살이에서 나비가 흰색인 순간은 나비가 된 이후입니다. 그 전까지는 옥수수색을 띠기도 하고, 연한 녹색을 거쳐 진한 녹색이 되기도 합니다. 나비가 되기 직전에는 갈색일 때도 있습니다. 알에서 번데기 단계까지, 배추흰나비는 흰색이 아닙니다. 질문을 두루뭉술하게 하긴 했지만, 아이는 새로운 지식을 배우는 과정에서 불분명한 정보를 점검하려 했을지도 모릅니다. 책 한 권을 다 읽었지만 아직 다른 정보를 처리하느라 나비의 색을 명료하게 인식하지 못했을지도 모릅니다. 어른과 아이의 이해 속도에는 분명한 차이가 있으니까요.

나에게 당연한 정보가 다른 이에게는 새롭고 불확실하게 느껴질 수 있습니다. 때때로 우리는 자신이 생각해 보지 못한 내용을 질문하는 사람을 '신선한' 질문을 했다며 칭찬하지만, 이미 알고 있는 사실을 물어 오면 '이런 당연한 것도 모르냐'며 상대에게 면박을 주기도 합니다. 나도 모르게 상대방이 던진 질문의 쓸모를 내 입장에서 판단하고 있지는 않나요? 우리가 상대에게 쉽사리 질문하지 못하는 까닭도 여기에 있습니다. '저 사람이 내가 이런 것도 모른다고 무시하면 어떡하지?' 하는 두려움이 앞서는 것입니다. 그러고 보면 어린이들은 어른보다 용감합니다. 모른다는 사실을 애써 숨기지 않지요.

무엇이 질문일까?

질문한다는 것은 무엇일까요? 그 전에, 이 장의 제목처럼 물음표만 붙으면 질문일까요? 상대방의 질문을 함부로 폄하해서도 안 될 일이지만, 문장 끝에 '물음표'를 달고 끝을 올려 읽는다고 해서 모두 같은 질문은 아닐 겁니다. 자, 다음에서 질문과 질문 아닌 것을 구분해 봅시다. 질문이라고 생각하는 문장에 √ 표시를 해 보셔도 좋습니다.

□ "저요?"

□ "오늘 날씨 어때?"

□ "식사는 잡쉈어?"

□ "바람이 시원하다. 그렇지?"

□ "화장실 다녀와도 돼요?"

□ '할 일이 왜 이렇게 많은 거야?'

□ '내가 저 사람에게 화를 낸 이유가 뭘까?'

□ "흔들리지 않고 피는 꽃이 있으랴."

□ "주인공은 왜 습관적으로 하늘을 올려다볼까?"

□ '유전자 조작 식품이 인체에 유해하다는 증거가 있나?'

여러분은 주로 어떤 질문을 하시나요? 우리는 일상에서 질문을 자주 합니다. 아니, 질문 '형태'의 말을 합니다. 위의 문장들은 모두 질문의 모습을 하고 있는데, 진짜 질문이 맞는지 고민한 문장은 없었나요?

"저요?"는 지칭하는 대상이 누구인지 몰라서 묻는 게 아니지요. '왜 나한테?'라는 당혹감을 드러내는 말이라 보아야 할 겁니다. "오늘 날씨 어때?"와 "식사는 잡쉈어?(드라마 〈수리남〉을 본 사람은 익숙하시지요?)"는 날씨와 식사 여부가 정말 궁금할 수도 있지만, 대체로 안부를 묻는 인사말에 가깝습니다. "바람이 시원하다. 그렇지?"라거나 "화장실에 다녀와도 돼요?"라는 질문은 상대의 공감이나 동의를 구하는 말이지요. '할 일이 왜 이렇게 많은지' 자문하는 말은, 일이 많다는 사실을 잘 알기 때문에 투덜대는 것에 가깝습니다. '흔들리지 않고 피는 꽃이 있으랴'는 수사적 의문문으로 필자의 생각을 강하게 전달하는 효과를 염두에 둔 표현 기법이지요. 대답이 필요하지 않습니다.

우리는 의사소통 맥락에 따라 상대의 질문을 '질문 아닌 것'으로 판단하기도 하지만, '질문다운 질문'에 대한 상(像)도

서로 다릅니다. 질문과 질문 아닌 것을 가르는 기준은 무엇이었나요? 질문답다고 생각한 질문은 어떤 속성을 지녔습니까? 지금부터는 '질문'이란 무엇인지 그 성격을 면밀히 살펴볼까 합니다.

질문은 빈자리에서 시작된다

'질문하기'는 인간이 정보의 공백을 메우려는 무의식적이면서도 의식적인 사고 행위입니다. 흔히 '모르는 것은 질문하라'고 하지요. 우리는 호기심이 일어 의식하지 않은 채 직관적으로, 즉시 질문하기도 합니다. "이게 뭐야?"라는 질문이 딱 그렇습니다. 예상치 못한 발견이 놀라움으로 드러나는 경우이지요. 세상 모든 것이 낯선 어린아이들의 질문이 그러하고, 확인되지 않은 상황이나 사람, 물건 등을 볼 때 우리가 보이는 반응이 그러합니다.(지금 내 옆에 정체를 알 수 없는 상자가 하나 놓여 있다고 생각해 보세요.)

다른 한편으로 특정한 정보를 얻으려는 목적으로 상대에게 묻기도 합니다. 이때는 질문을 잘 설계해야 합니다. 막연히 "이게 뭐냐?"라고 물어보았다가는 한참 동안 원하는 정보를 얻지 못할 테니까요. 제 이야기를 예로 들어 보겠습니다.

저는 길을 잘 찾지 못합니다. 길 찾기 애플리케이션이 나오기 전까지는 약속 장소까지 가는 길을 전화로 묻는 일이 잦았지요. 만일 친구에게 "거기가 어디야?" 하고 묻는다면 어떨까요? 친구는 필시 이렇게 되물을 겁니다. "너 지금 어딘데? 주변에 뭐가 보이는데?" 서둘러 설명을 덧붙여 봅니다. "병원도 하나 있고, 편의점도 보여. 그리고⋯⋯." 친구는 또 질문합니다. "병원 이름이 뭔데? 병원이 어느 편에 있어?" 이런 식으로는 보통 제시간에 도착하기 어렵습니다.

얻으려는 정보가 명확할 때는 그만큼 구체적으로 질문해야 합니다. "나 지금 ○○병원 건너편 횡단보도에 서 있는데, 어디로 가야 하지?"처럼요. 구체적으로 질문한다는 것은 현재 내가 가진 정보가 이러한데 새로 알고자 하는 점은 무엇인지를 스스로 인식하고 상대와 공유한다는 의미입니다.

모든 질문은 '빈자리'에서 시작하지만, 채워야 할 공간의 성격에 따라 질문의 방식과 수준은 달라집니다. 묻고자 하는 내용이 다르기도 하거니와 질문의 대상, 질문하는 목적이나 맥락, 질의응답을 주고받는 방식, 질문을 시작으로 기대할 수 있는 산출물에도 차이가 있지요.

1980년대부터 질문에 관한 연구가 다수 이루어졌습니다. 딜런(J. T. Dillon), 캐러베닉(Karabenick, S. A)과 샤마(Sharma, R.),

메이(Hans van der Meij)와 같은 연구자들은 특히 질문이 생성되는 과정에 관심을 가졌습니다. 달리기를 잘하고 싶을 때는 잘 뛰는 선수들의 주법(走法)을, 글을 잘 쓰고 싶을 때는 유명 작가들의 필법(筆法)을 분석하는 것이 도움이 됩니다. 능숙한 사람의 수행 과정을 여러 단계로 쪼개어 어떤 기능과 전략을 사용하는지 살펴보면, 그것이 다름 아닌 '필승법'이지요. 그렇다면 질문은 어떤 과정으로 이루어질까요? 질문하는 법을 배우려면 그보다 먼저 질문하는 과정을 이해해야겠지요.

딜런은 질문의 구성 모델을 질문의 시작, 질문의 전개, 응답의 탐색 및 처리의 세 단계로 구분했습니다. 캐러베닉과 샤마는 인지적 '혼란'을 시작으로, 생성된 질문을 언어로 표출하는 과정을 차례로 제시했지요. 비슷한 궤에서 메이는 당혹감 단계, 질문의 형성 및 표현 단계, 응답을 구하는 단계를 거쳐 질문이 만들어진다고 보았습니다.

종합해 보자면, 우리는 상황의 불일치를 경험하면서 문제를 인식합니다. 그리고 이를 질문의 내용과 형태로 발전시키고 말로 표현합니다. 그리고 상대에게 물어 답을 구합니다. 질문이 만들어지는 과정은 다음 그림과 같이 세 단계로 나눠 볼 수 있습니다.

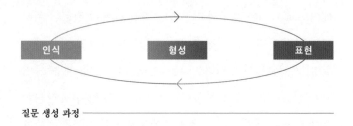

질문 생성 과정

① 질문의 시작—인식

인간은 질문의 내용을 구성하기에 앞서 정보의 공백을 인식합니다. 특정한 문제에 관해 자신의 무지를 인식하고, 그 의식이 분명한 형태로 초점화되는 과정에서 질문을 생성합니다(양미경, 2002). 정보의 빈자리를 깨닫는다는 것은 어떤 의미일까요?

저는 동료들*과 함께 독자가 글을 읽고 질문을 생성할 때의 주의 집중 양상을 살펴본 적이 있습니다. 초등학교 학습자들이 학습 목적으로 글을 읽는 장면에서 질문을 생성할 때, 그들의 주의가 어떻게 이동하는지를 포착하고자 했지요. 사

•
이 연구는 한국교원대학교 이경화 교수, 장동민 연구자와 함께 진행했다.

람들은 흔히 질문하지 못하는 이유로 '질문할 거리가 없다'고 말합니다. 질문할 거리가 없다는 말은 무엇을 의미하는 걸까요? 우리는 이 점에 주목했습니다. 학교에서는 학습자들에게 적극적으로 질문하라고 하지만, 실제로 우리는 그들이 어디에서, 어떻게 질문을 떠올리는지 구체적으로 알지 못한다는 사실을 깨달았습니다. 그래서 독자의 질문을 일으키는 자원이 무엇인지 확인해 보았습니다.

인간의 인지 과정은 눈에 보이지 않으니 우회적인 방법으로 확인하는 길밖에 없습니다. 그 방법 중 하나가 시선 추적이지요. 시선의 움직임을 분석하면 그 사람이 어느 곳에 주의를 집중하고 있는지 가늠해 볼 수 있습니다. 저와 동료들은 초등학교 6학년 학생 10명에게 한 편의 글을 읽으며 떠오르는 질문을 구술하게 했습니다. 아이들이 글을 읽는 동안에는 이들의 시선 데이터를 수집했지요. 다 읽은 뒤에는 질문을 떠올리는 과정에서의 생각을 물었습니다. 글에서 어떤 자원을 활용하였는지 알아내기 위함이었지요.

뒤에 실험 텍스트를 보며, 여러분도 함께 실험에 참여해 보시기 바랍니다. 물론 실제 실험 상황과 달리 시선 추적을 기계가 해 주지 않기 때문에 엄밀한 측정은 어렵겠지만요.

우선 글 전체를 평소처럼 한번 읽어 보세요. 그리고 자신이

다음 글을 읽고 물음에 답하시오.

생태계를 구성하는 생물들은 영양분을 얻는 방법에 따라 '생산자, 소비자, 분해자'로 구분할 수 있습니다. 이들은 서로의 그림들처럼 서로 연결되어 있습니다.

이러한 연결고리를 '먹이사슬'이라고 합니다. 식물과 동물은 어떤 환경에서도 다양한 형태로 먹이사슬 속을 형성합니다. 오늘은 은 몇몇 생태계에서 서로의 관계를 형성하는 방법들을 알아봅시다.

첫째, '생산자는 햇빛을 스스로 만들어내는 생물입니다. 다양한 종류의 해조류와 같은 수생 식물이 생산자에 속합니다. 이 들은 태양 에너지를 사용하기 위해 물질과 전분으로 변형시킵니다. 어떤 만들어진 생산자 전분은 이들이 살아가는 데 필요한 영양분으로 사용됩니다.

둘째, '소비자'는 생산자인 수생 식물을 먹이로 하는 생물입니다. 소비자는 먹고 먹히는 순서에 따라 1, 2, 3차 소비자로 구분할 수 있습니다.

'1차 소비자'는 생산자로부터 영양분을 얻습니다. 1차 소비자는 아주 작은 수생 생물들에 해당합니다.

그리고 1차 소비자를 먹이로 삼아 살아가는 생물을 2차 소비자'라고 합니다. 2차 소비자는 1차 소비자 에 비해 크기가 큰 생물들로 구성되어 있습니다.

'3차 소비자'는 2차 소비자를 먹이로 하여 영양분을 얻는 생물입니다. 3차 소비자는 범고래와 같은 큰 바다 생물이 이에 해당합니다.

셋째, 분해자는 여러 서식처에서 살면서 죽은 생물들을 분해하여 미세한 물질로 변형시키는 역할을 합니다. 이들이 만들어낸 미세한 물질은 다시, 생산자인 수생 식물이 이용하는 영양분이 됩니다. 죽은 생물들을 처리하는 분해자는 '쓰레기' 청소부라고 불리기도 합니다. 분해자는 생태계 순환을 다시 시작하게 하는 중요한 역할을 합니다.

생산자와 소비자, 분해자는 서로 먹고 먹히는 관계가 마치 그물처럼 연결된 채 살아갑니다. 먹이사슬의 관계를 유지하면서 생물들은 서로 영향을 주고 받습니다. 이 때문에 서로 연결된 먹이사슬의 고리에서 만약 한 부분이라도 무너진다면 먹이사슬 전체가 흔들릴 수도 있습니다. 그러나 다행히도 생태계는 먹이사슬 단계의 한 개체가 일시적으로 증가하거나 감소하더라도 일정 시간이 지나면 다시 안정을 되찾는 힘을 지니고 있습니다.

실험 텍스트 지면

이 글의 내용을 얼마나 이해했는지 간단히 요약해 보세요. 요약한 내용을 글로 쓸 필요는 없습니다.(시험을 보는 것이 아니니까요!) 한 번 더 글을 읽으면서, 이번에는 궁금한 점을 떠올려 보세요. 떠오르는 내용은 입으로 되뇌어 보세요. 머릿속을 스쳐 가는 여러 질문 중 조금이라도 명료한 것에 집중하는 겁니다. 여러분은 어떤 질문을 떠올렸나요? 질문을 떠올린 시점에 글의 어느 부분을 보고 있었나요? 혹은 어떤 기억이 함께 떠올랐나요?

초등학교 학생들의 결과는 어땠을까요?

이 실험에서는 독해력 수준에 따라 학생을 상 수준과 하 수준으로 구분했습니다. 편의상 상 수준 학생은 s1, 하 수준은 s2로 지칭하겠습니다. 위쪽이 s1의 시선이고 아래쪽은 s2의 것입니다. s1의 시선은 어디에 머물러 있습니까? 글의 3문단과 먹이사슬 그림에 시선을 두고 있군요. 그리고 다음과 같이 질문을 떠올렸습니다.

"1, 2, 3차 소비자 중에서 3차가 제일 크나? 3차는 무조건 더 큰가? 생산자들이 에너지를 만들어 내는 과정이 더 궁금해요. 다른 소비자들처럼 다른 생물을 직접 먹어서 에너지를 얻는 게 아니라고 하니까요."

독해력 수준이 상인 학생 (s1)의 시선 추적

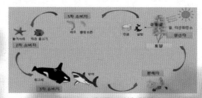

독해력 수준이 하인 학생 (s2)의 시선 추적

초등학생의 질문 생성 과정에서 '인식' 양상

2 물음표만 붙이면 질문인가?

s1은 비판적 질문을 던졌습니다. 그리고 더 많은 정보를 탐색할 계기를 암시하기도 했지요. 실험 텍스트에서는 '2차 소비자는 1차 소비자에 비해 크기가 큰 생물'이라거나 '3차 소비자는 범고래와 같은 큰 바다생물'이라고 설명하고 있습니다. 그림에서도 상위 포식자가 더 크지요. 하지만 s1은 이를 그대로 받아들이지 않고 '상위 포식자는 무조건 더 큰가?'라며 의문을 제기합니다. 그리고 생산자는 다른 생물을 먹지 않고 직접 에너지를 만들어 낸다는 점에 주목하여 그 과정을 구체적으로 알고 싶어 했습니다. 이는 텍스트 안에서 충분히 '해소되지 못한 질문(lingering question)'이라 할 수 있지요. 아마 s1은 조금 더 의욕이 있다면 문제를 해결하기 위해 다른 글을 더 찾아 읽어 볼지도 모릅니다.

반면 s2는 선뜻 질문 거리를 떠올리지 못했습니다. 꽤 오랜 시간을 기다렸지만 쉽사리 질문하지 못했습니다. 그래도 우리는 학생을 독려했습니다. 조금이라도 궁금한 점이 있다면 말해 보라고요. 글 위를 한참 배회하던 s2는 이렇게 말했습니다.

"수생 식물이 뭐지?"

s2는 질문할 거리를 찾으며 3, 4, 7문단을 읽었습니다. 그러고는 글에서 더 궁금한 점이 없던 탓인지 3, 4문단에 반복적으로 등장하는 '수생 식물'의 뜻을 물었습니다. 글에서 제시하는 '다양한 종류의 해조류와 같은'이라는 설명으로는 부족했던 탓일 수도 있지만, 제시된 그림에서 해조류 이미지를 참고할 수 있을 텐데 전혀 보지 않는 점이 아쉽습니다.

이 실험으로 우리는 질문이 '형성'되는 과정에 관한 몇 가지 시사점을 얻었습니다.

첫째, 나에게 유용하고 흥미로운 주제여야 질문합니다. 영화 〈트와일라잇〉을 보셨나요? 평범한 10대 소녀가 뱀파이어 소년과 사랑에 빠지는 이야기입니다. 주인공 소녀 이사벨라 스완은 뱀파이어 에드워드 컬렌을 마주한 후, 그가 뱀파이어는 아닐까 의심합니다. 뱀파이어인지 아닌지 궁금하다는 것부터가 이미 그에게 관심이 있다는 의미겠지요. 그에 대해 모르는 것은 너무 많은데 인터넷에서 이리저리 정보를 찾아보아도 충분한 정보를 구할 수 없었습니다. 이사벨라는 굴하지 않고 도서관에서 아무도 읽지 않을 법한 고서를 찾아내 뒤적이기까지 합니다.

우리는 누군가에 대해 알고 싶을 때 가끔은 집요하다 싶을 만큼 열심히 그에 대한 정보를 알아냅니다. 그 사람의 소셜 미디어 계정을 검색해, 피드를 위아래로 읽어 보며 상대의 관심사를 이해하고 싶어 하지요. 그 사람의 취미 생활이라도 함께하며 가까워지려면 관련된 주제를 계속해서 검색해야 합니다. 알아야 한마디라도 더 이어 갈 테니까요.

질문할 거리가 떠오르지 않는 가장 큰 이유는, 우리가 그 내용에 관심이 없기 때문입니다. 너무 당연한 말인가요? 사실, 인간 사이의 본능적인 이끌림이 아니고서야 그토록 진지하게 어떤 대상을 궁금해하기란 쉽지 않겠지요. 강연자들은 청중들에게 '도대체 왜 질문을 하지 않느냐'고 할 테지만, 도통 흥미가 생기지 않는데 무얼 더 알고 싶겠어요?

실험에 참여한 학생들 중에서도 평소 자연 현상에 관심이 많다고 응답한 학생들은 질문을 더 많이 떠올렸지만, 그렇지 않은 학생들은 질문하기를 어려워했습니다. 그렇다고 질문을 잘하기 위해 모든 주제에 다 흥미를 가지라는 식으로 교육할 수는 없는 노릇입니다.

둘째, 새로운 자극이 질문해야 할 필요를 만듭니다. 현 상태에서 어떠한 변화도 없다면 질문할 이유가 없습니다. 실험에 참여한 학생들은 처음 보는 '글'을 읽었습니다. 그리고 질문을 만들도록 '설득'당했습니다. 실험이라는 특수한 상황이었기에 과업이 다소 한정적이었습니다만, 이들은 문제 해결

과정에 참여했다고 볼 수 있습니다.

평온한 상황에서도 호기심이 일어나면 참 좋겠습니다. 하지만 그런 일은 드뭅니다. 질문 대장인 어린이들도 새로운 자극이 주어지기 때문에 묻는 것입니다. 교수자가 학생에게 과제를 내주는 것도 비단 학점을 가르기 위함만은 아닐 것입니다. 도전적인 자극을 주어 탐구할 필요를 느껴 보게 하려는 의도일 테지요. 강의 내용이 ASMR*처럼 귀를 간지럽힌 적이 있지 않나요? 야속하게도 고개는 앞뒤 좌우로 젖혀지고 말입니다. 눈과 귀로 들어오는 자극이 질문을 떠올리는 데까지 가닿으면 좋으련만 강의를 그저 '듣기'만 해서는 질문할 빈자리가 생기지 않습니다.

그러고 보면 광장을 돌아다니며 질문을 물고 늘어졌던 소크라테스는 사람들에게 충분한 자극제가 되었으리라 짐작해 볼 수 있습니다. 소크라테스는 '엘렌코스(Elenchus)'의 개념을 강조했습니다. 엘렌코스는 '논박'이라는 뜻인데 사실 이 개념은 문답식 대화의 방법론이라기보다 철학적 삶의 태도나 방식에 가깝습니다. 논리적으로 전제와 결론 사이의 모순을 밝

•

자율 감각 쾌락 반응(autonomous sensory meridian response). 바람 소리처럼 심리적 안정감을 주는 청각적 자극이나 기타 인지적 자극을 뜻한다.

히는 과정을 의미하기도 하지만, 동시에 무지를 깨닫는 과정에서 느끼는 혼란스러움과 수줍음, 호기심 등을 표현하는 말이기도 합니다. 질문 생성에 관한 연구들 역시, 질문은 인지적 혼란과 당혹감에서 시작된다는 점에 동의합니다.

여러분은 언제 당혹감을 느끼나요? 저는 새로운 과제가 주어졌는데 아는 것이 전혀 없을 때 놀랍니다. 또 전공 분야의 주제를 두고 이야기하는 중에 예상치 못한 질문을 받았을 때 부끄러움을 느낍니다. 내가 아무것도 모른다는 사실과, 누군가에게 설명할 정도로 확실하게 아는 것은 아니라는 사실을 깨달았을 때입니다. 당혹감은 배움의 의지를 북돋아 줍니다. 절치부심해서 상대에게 나의 진가를 보여 주겠다는 다짐에서든, 배울 내용이 더 남아 있다는 즐거움에서든 간에요. 자극을 받을 수 있는 환경에 자신을 내던져 보세요.

셋째, 주의를 이곳저곳으로 옮겨야 질문할 거리가 생깁니다. 글을 읽을 때 독자의 시선은 텍스트와 배경지식, 현상 사이를 오갑니다. 여기서 '시선'은 물리적인 눈동자의 위치만 뜻하지 않습니다. 독자의 눈은 텍스트를 읽고 있지만, 그의 머릿속에 살고 있는 '또 다른 나'는 그와 관련한 정보에 서둘러 접속하고 있습니다. 마치 잘 정리된 서랍에서 물건을 찾아 꺼내듯 말입니다. 명탐정 셜록 홈스는 '기억의 궁전'이라는 상상 속 공간에 정보를 넣어 두고 필요한 곳에 방문한다고 비유하지요.* 이를 다음과 같이 이미지로 표현할 수 있습니다.

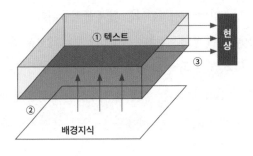

독자의 질문 생성 과정에서 주의 이동 방향

내가 알고 있는 것과 지금 알게 된 것 사이에 간극이 생길 때 비로소 질문할 거리가 생깁니다. 글자만 빤히 노려본다고 해서 질문이 나올 리 만무합니다. 기억의 서랍장에 쌓인 먼지를 떨어내는 열정이 필요하지요.

물론 텍스트 내에서도 질문이 떠오를 수 있습니다(①). 정보를 명확하게 이해하는 과정에서 실험에 참여한 학생들은 '생산자는 설탕과 전분을 만드나?'라며 이해한 내용을 점검할 수 있습니다. 혹은 글과 그림을 번갈아 주시하면서 광합성의 작용 방식을 더 구체적으로 이해할 수도 있겠지요. "물과 이산화탄소가 기본 물질이고, 태양 에너지를 사용한다는 건 광합성을 한다는 의미인가?"와 같이 말입니다. 글에서는 '태양이 기본 물질을 설탕과 전분으로 변형시킨다'는 정보를, 그림에서는 추가 정보(광합성, 물, 이산화탄소)를 얻을 수 있습니다. 그래서 글과 그림을 함께 보아야만 광합성 방식을 온전히 이해할 수 있지요.(리터러시 연구자들은 이를 '복합 양식 텍스트 이해'라고 부릅니다.)

배경지식과 텍스트 간에 시선이 이동하며 질문을 형성하기도 합니다(②). 이를테면 '국립공원에 살고 있는 비버의 수가 비정상적으로 증가하자 늑대를 풀어 평형을 유지한 사례'

●

인지 과학이나 언어학 분야에서는 '기억의 궁전'을 '스키마(schema)'라고 한다. 스키마는 추상화된 지식의 구조를 뜻한다. 인간은 새로운 지식을 학습할 때 낱낱의 지식을 저장하는 것이 아니라, 지식을 이루는 구조를 기억한다. 지식의 구조를 다른 상황에서 적절히 꺼내어(retrieve) 사용하는 것이다. 스키마는 인간이 상황을 판단하는 데 크고 작은 영향을 미친다. "오늘은 하루 종일 눈이 내릴 예정입니다."라는 문장을 초등학생과 군인이 똑같이 보았다고 가정해 보자. 둘은 분명 다른 생각을 할 것이다. 어린이들은 등굣길에서부터 '오늘 선생님이 눈사람을 만들자고 하실까?' 하며 기대를 할 것이다. 하지만 국군 장병들에게 눈 오는 날은 곧 애석하게도 '눈 치우는 날'이다. 군인은 내리는 눈을 바라보며 한숨만 내쉴지도 모른다.

를 알고 있는 독자가 있습니다. 그는 기존 배경지식과 현재 텍스트의 내용 사이를 오가며 "인간이 개입하는 국립공원 사례와는 다른가?" 하고 질문을 제기할 수 있습니다. 공통점을 비교하고 차이점을 대조하면서 질문이 떠오르는 예입니다.

텍스트와 현상을 오가며 질문의 여지가 생기기도 합니다 (③). 배경지식과 연결할 때와는 달리, 현상에 대한 시선은 다른 텍스트를 찾아 읽는 행동으로까지 이어질 수 있습니다. 가령 "생태계는 일정 시간이 지나면 안정을 되찾는다고 했는데, 우리 주변에 생태계가 파괴되어 되돌릴 수 없는 상황에 놓인 경우는 없나?"와 같이 질문할 수 있지요. 생태계의 평형이 깨어진 상황에 대한 호기심은 텍스트 밖으로 시선을 돌려야만 제기할 수 있습니다. 또 이를 해소하려면 독자는 추가 텍스트를 찾아 읽어야겠지요.

넷째, 애매하게 아는 상태가 가장 위험합니다. 이 말이 다소 생뚱맞게 들리시나요? 더 질문할 거리가 없다는 말은 '이만하면 됐다'는 의미이기도 합니다. 하지만 정말 그 정도로 충분한가요?

소크라테스는 대화를 할 때 통념이나 상식, 상대방의 사전 지식을 배제했습니다. 오롯이 대화 상황에서 진리를 찾아 나서겠다는 겁니다. 지나치게 관습만을 고집하는 사람은 '벽

창호'와 같습니다. 다툼이 벌어졌을 때 "나는 원래 이런 사람이야."라고만 대꾸하면 무엇도 변하지 않습니다. 과거의 원칙 위에 새로운 지식이 환기되어야 발전을 기대할 수 있을 겁니다. 또 서로의 배경지식만 내세우다 보면 진리와 무관하게 '누가 옳은지'를 따져 묻게 될 가능성이 큽니다. 소크라테스는 비판적인 태도를 유지하면서 기존 지식에 끊임없이 의문을 제기할 때라야, 비로소 자신의 무지를 깨닫고 진리에 다가설 수 있다고 믿었습니다.

인지 심리학 연구에서는 이를 '생각의 깊이라는 환상'이라는 흥미로운 개념으로 설명합니다. 인간은 특정 주제에 대해 자신이 충분히 알고 있다고 믿는 편향을 지니게 된다는 겁니다. 일종의 착각이지요. '헛똑똑이'라는 말을 아시나요? 많이 아는 듯 젠체하지만 정말 중요한 것은 정작 모르는 사람을 놀리는 말입니다. 이런 사람은 대화가 길어지면 실력이 결국 들통납니다. '이 사람이 아는 바는 여기까지구나' 하고 말이지요.

리터러시 연구자들은 학습자들이 주제와 관련해서 배경지식이 많을수록 텍스트를 더 잘 읽을 것이라 믿었습니다. 실제로 아는 것이 많으면 그만큼 더 깊이 있게 읽어 낼 수 있습니다. 하지만 애매하게 아는 지식은 오히려 새로운 지식을 받아들이는 데 방해가 되기도 합니다. 이미 어느 정도 알고 있다고 과신하기 때문이지요.

실제로 앞의 실험을 할 때 연구자들은 실험 참여 학생들에게서 흥미로운 결과를 발견해 냈습니다. 해양 생물의 먹이사슬에 관해 비슷한 수준의 배경지식을 가진 두 학생이 있었습니다. 임의로 이 두 학생을 s3, s4라 부르겠습니다. s3는 배경지식을 사용해서 새롭게 알게 된 정보와의 차이에 집중했습니다. 육지 생물의 종류로는 무엇이 있는데, 해양 생물은 이러하다는 식의 진술로 그것을 짐작할 수 있습니다. 반면 s4는 기존에 알고 있던 내용과 공통되는 정보에 초점을 두었습니다. '똑같이 먹고 먹힌다는 말이지'라는 반응에서 이를 확인할 수 있습니다. 물론 기존 정보가 새로운 정보를 쉽게 받아들이는 데 도움은 되었지만 s4는 '해양' 생물의 먹이 사슬에서 새로운 정보를 얻어 내지는 못했습니다. 충분히 안다고 생각했기 때문이겠지요.

다른 한편으로, 스마트폰이 대중화되면서 우리는 무언가를 기억하거나 오래도록 궁금해할 필요가 없어지고 있는 것 같습니다. 단 몇 초면 바로 찾을 수 있으니까요. 여러분은 집 근처 약국의 전화번호를 알고 있습니까? 길가에서 본 꽃의 개화기는 언제입니까? 출장지까지 어떻게 가야 하나요? 손에 스마트폰이 있는 한 우리는 질문을 해결하기 위해 애쓸 필요가 없다는 걸 너무도 잘 알고 있습니다. 진지하게 질문을 던질 필요도 없지요. 우리는 '당장'은 아니라도 '결국'은 자신이 모른다고 생각하지 않습니다. 착각이지요. 우리는 진정으로 '알고' 있습니까?

질문은 정보의 빈자리를 인식함으로써 촉발됩니다. 소크라테스가 끊임없이 상대에게 질문하는 이유도 결국 무지(無知)를 알게 하기 위함이지요. 내가 모르는 것이 무엇인지 알아야만 새로 배워야 할 내용도 알 수 있습니다. 이는 독자가 더 알고 싶은 지점을 인식하지 못할 때는 물음을 던질 수 없다는 것을 의미합니다. '내가 알고 있는 것'과 '알아야 하는 것'이 무엇인지를 인식하고 조절하는 가운데, 질문이 떠오를 겁니다.

② 질문의 전개—형성

질문할 거리를 인식한 독자는 질문을 설계하기 시작합니다. 질문을 형성하는 과정에서는 질문할 대상이 누구인지, 질문하는 목적이 무엇인지, 질문할 내용과 수준은 어떠해야 하는지, 어떤 방식으로 질문할 것인지 등을 복합적으로 고려합니다.

질문의 형태를 구성할 때는 답을 할 대상이 누구인지 인식하는 일이 무엇보다 중요합니다. 질문은 결국 '대화'이기 때문입니다. 정보의 빈자리를 메워 주는 역할을 하는 사람은 '나' 자신일 수도 있고, 다른 '조력자'일 수도 있습니다. 허공에 질문을 던져 두고 말 것이 아니라면, 질문하는 대상에 관해 파악해야 합니다. 그런데 질문하는 대상을 파악한다는 것은 어떤 의미일까요?

우선 상대가 어떤 분야에 능한지를 가늠해 보아야 합니다. 어느 날엔가 출근길에 학생용 신발장 문짝이 고장 난 것을 발견했습니다. 신발장 주인인 학생에게 물었습니다. "이거 어떻게 하지?" 학생은 등하굣길에 신발을 넣고 뺄 뿐입니다. 신발장 경첩에 어떤 문제가 생겼고 어떻게 고쳐야 할지 아이는 알 턱이 없습니다.(어쩌면 자기가 망가뜨린 게 아니라며 울상을 지을지도 모릅니다.) 이런 상황에서는 학교 시설 주무관님이 제격입니다. 신발장의 어디가 어떻게 망가졌다는 비전문가의 설명은 필요 없습니다. 그저 "멀쩡하던 신발장이 왜 이럴까요?" 하며 난감해하는 기색만 보여도 감쪽같이 고쳐 주실 테니까요.

그럼 어린이는 영영 대답하는 사람일 수 없는 걸까요? 그렇지 않습니다. 몇 년 전에 가르친 초등학교 2학년 학생 중에 일명 '곤충 박사'가 있었습니다. 이름을 우찬이라고 하겠습니다. 하루는 날이 좋아서 창을 열어 두었는데, 벌 한 마리가 날아들었습니다. 아이들은 혼비백산했습니다. 짐짓 차분한 척

했지만 아이들 중 누구 하나라도 쏘일까 싶어 저 또한 정신이 없었지요. 학생들은 저를 바라보면서 "선생님, 쟤가 쏘면 어떻게 해요?"라며 연신 소리를 질렀습니다. 그때 우찬이가 덤덤하게 말하는 겁니다. "얘들아, 저건 말벌이 아니라 꿀벌이야. 꿀벌은 너희가 움직이지 않으면 쏘지 않아. 소리 지르고 자꾸 팔을 흔들면 자기를 공격하는 줄 알아." 그날 이후로 우리 반에서는 곤충 이야기가 나왔다 하면 곤충 박사를 모셔다가 질문 공세를 했습니다. 우찬이는 늘 기대를 저버리지 않았지요.

적절한 답을 줄 사람이 누구인지 아는 것만으로도 절반은 문제가 해결되었다고 할 수 있습니다. 그 말은, 대답해 줄 사람을 찾는 일이 질문하기의 반이라는 뜻이기도 합니다. 애먼 사람을 붙들고 아무리 질문해 봐야 답을 찾을 수 없을 테니까요. 질문할 내용이 떠올랐다면 누구에게 물을 것인지를 정해야 합니다.

질문할 대상을 선정했다면 그다음은 질문의 수준을 조절해야 합니다. 대상이 누구인가에 따라 답에 대한 기댓값이 다르기 때문이지요. 심화된 수준의 답을 제공할 것이라 예상하는 대상에게는 더 복잡한 내용을 요구할 테지만, 그렇지 못한 상대에게는 단편적인 사실만을 확인할 수 있습니다. TV 프로

그램 〈유 퀴즈 온 더 블록〉에 과학 커뮤니케이터 '궤도'가 출연한 적이 있습니다. 진행자들은 그에게 물었습니다. "**내일은 내일의 태양이 뜬다고 하는데, 이런 명언은 과학적으로 설명이 가능합니까?**" '궤도'는 특유의 진지하면서도 익살스러운 표정으로 다음과 같이 답합니다.

"'내일은 내일의 태양이 뜬다.' 그럼 내일은 어떻게 정의할 것인가? 시간이라는 것은 완전히 상대적이다. 지구가 자전하기 때문에 오늘과 내일이라는 개념이 생긴 것인데, '내일은 내일의 태양이 뜬다'라는 말은 태양 입장에 봤을 때는 이상한 일이다. 태양의 입장에서 '내일'은 없다. 우주적 관점에서 봤을 때 태양은 항상 그 자리에 있는 것이고, 지구가 자전과 공전을 하며 '내일'이 있는 것일 뿐이다."

이런 질문을 '궤도'에게 하는 까닭은 그 사람만이 줄 수 있을 법한 수준의 답을 기대하기 때문입니다. 만일 같은 질문을 친구에게 길을 가다가 했다면? 우리는 친구에게 엄청난 과학적 지식을 요구하지도 않을뿐더러 별소릴 다 한다며 친구에게 타박이나 듣지 않으면 다행이라고 여길 겁니다.

질문하는 방법도 여러 가지입니다. 당장 상대에게 말로 물어볼 수도 있습니다. 눈빛으로 곤란함을 드러내며 상대가 먼저 물어봐 주길 기다려 볼 수도 있겠지요. 말이 아닌 글로 질문을 전달해도 됩니다. 나 스스로에게 묻고 답하며 책에서 답을 찾아가기도 합니다.(이때는 필자에게 질문하는 것이라고도 볼 수 있습니다.) 포털 사이트에서 검색하는 방법도 있습니다. 스마트폰을 들고 검색창에 검색어를 입력하기만 하면 됩니다.

인공 지능을 활용할 수 있는 현재는 어떻습니까? 여러분의 스마트폰에는 개인 비서가 하나씩 있습니다. 빅스비, 시리, 지니 등이 있지요. 오늘의 날씨나 일정이 궁금할 때는 인공 지능 비서의 이름을 부른 뒤 물어보면 간단합니다. 조금 더 복잡한 과제에 쓰일 질문이 있다면요? 생성형 인공 지능 챗봇을 활용하면 됩니다. 챗지피티, 뤼튼, 바드 등의 서비스에 질문을 입력하면 원하는 답을 줄 테니까요.

자, 질문할 대상과 방법을 정했으니 질문을 던지기만 하면 되겠군요! 그렇지 않죠. 어떤 행동을 하든 '의지'가 가장 중요하지요. 누구한테 어떻게 물어볼지 몰라서가 아니라 '물어보기 좀 그래서' 묻지 못한 적은 없었나요? 우리는 질문할 줄 알아도 질문하지 않기도 합니다. '굳이, 이런 것까지, 이 분위기에'라는 생각에 질문이 입 밖으로 나오지 못하지요. 정보의 공백을 알아차렸다고 해도 이를 메우지 않은 채로 둘 것인지 추가 질의를 통해 채워 나갈 것인지를 판단하는 것은 독자의 신념에 따릅니다.

앎의 과정에서 자신의 역할을 소극적으로 인식하는 사람은 '굳이' 질문하지 않을 가능성이 큽니다. 이런 사람은 소박한 인식론적 신념*을 가졌을지도 모릅니다. 지식을 절대적인 것으로 받아들여서 자신이 개입할 여지가 없다고 생각합니다.

안타깝게도 우리나라 학생들이 교실에서 질문하지 않는 이유는 여기에 있을 것 같습니다. 경쟁 위주의 경직된 입시 제도 아래서 학생들은 주어진 지식을 그대로 수용해야만 좋은 성적을 받을 수 있습니다. 논술 평가가 확대되고 고교 학점제로 교육 체제를 개편하는 등 크고 작은 변화가 있습니다만, 그럼에도 대학에 진학하려면 주요 교과의 지식을 외우고 또 외워야 합니다. 잘 외워서 수능만 잘 보면 좋은 대학에 갈 수 있다는 믿음은 여전합니다.

고려가요 「청산별곡」을 아시나요? 저는 교과서에 형형색색 밑줄을 그어 가며 빼곡하게 필기했던 기억이 함께 남아 있습니다. 수업 내용은 대략 이러했습니다.

●
지식이란 무엇인지, 인간은 어떻게 지식을 얻게 되는지에 대한 개인적 믿음을 인식론적 신념이라 한다.

1연에는 '청산'에 대한 동경이 드러난다. 시구 '살어리 살어 리랏다 청산애 살어리랏다'는 시 전체에서 반복되면서 운율을 형성하고 흥을 돋우고 있지. '청산'은 화자의 이상향으로, 속세와 대비되는 도피처와 같은 공간이야. 화자는 '살어 리랏다'라는 표현을 통해 청산에 살고 싶은 소망과 그러지 못한 아쉬움을 보여 주고 있지. '얄리얄리 얄라셩 얄라리 얄 라'는…….

해석을 받아 적다 보면 열심히 공부하는 느낌이 들기도 했습니다. 교과서 가득 메모와 주석을 달게 되니까요. 이 장면에서 학생이 시나 그에 관한 해석에 질문할 여지가 있을까요? 아니, 질문할 필요를 느낄까요? 선생님이나 참고서가 알려 주는 해석이 학생들에게는 절대적일 수밖에 없습니다. 그대로 시험에 나오니까요. 물론 텍스트에 관한 여러 수준의 질문에 대비하기는 합니다. 국어 시험에서는 학습자의 사실적, 추론적, 비판적 이해력을 측정하기 위해 '화자의 마음이 어떠하냐'거나 '이 시의 주제가 무엇이냐'는 등의 문제를 출제하고 있기 때문이지요. 문제는, 이런 질문을 학습자가 구태여 제기하지 않는다는 것입니다.

만일 질문이 생기면 어떻게 할까요? 제 경험에 바탕한 짐작이지만, 수업 중에 질문하기란 결코 쉬운 일이 아닙니다. 괜히 질문했다가는 친구들의 눈초리를 받을 수도 있습니다. 우리는 질문할 거리를 다 준비했다가도 주저합니다. '괜히 나선다고 생각하면 어쩌지?' '다들 그냥 듣고만 있는데 질문했다가 끝나는 시간이 늦어지면 어떡해' '이 분위기에 질문하는 건 좀 이상한가?' '이런 것도 모르냐고 비웃으면 어쩌지?' 하는 생각에, 질문이 입술 끝에 맴돌기만 하지요. 비단 교실에서만 일어나는 문제는 아닙니다. 강의실, 학술 대회장, 기자 회견장에서, 크고 작은 사적 모임에서 우리는 질문하고 싶지만 눈치를 보느라 침묵하기도 합니다.

강연자 혹은 주최자의 입장에서 변명을 해 보자면 청중을 주어진 상황과 주제에 몰입하게 만드는 일은 결코 쉽지 않습니다. 특히 청중들이 관심을 가지고 제 발로 찾아온 게 아니라 교실이나 강의실처럼 어느 정도는 강제로 자리하는 경우에는 더욱 그렇습니다. 다른 사람의 시선에서 벗어나 온전히 그 공간에 참여할 때라야 비로소 질문이 나올 텐데 말입니다. 그래서 교수나 교사는 눈에 보이는 보상인 점수와 사탕, 많은 사람 앞에서 칭찬하는 방법 등으로 학생들을 회유합니다. 이를 '외재적 동기'를 자극한다고 합니다. 물리적인 보상을 주면서 어떤 행동을 유도하는 것입니다.

그럼 누가 누구에게 보상을 줄 권한을 지니지 않은 동등한 상황에서는 어떤 동기로 질문하게 할까요? 이때는 성취감이나 도전감, 자기 확신 등으로 어떤 일을 수행하는 '내재적 동기'가 주요하게 작용할 것입니다. '점수를 주니까 질문하자'가 아니라 '질문하고 나면 뿌듯하니까' '이번에도 질문 한번 해 볼까?' '이 질문이 우리 대화에 의미가 있을 것 같은데'라는 마음이 들어야 한다는 겁니다. 물론 내가 잘 알고 있는 주제여야 그런 자신감이 나오지 않겠느냐고 생각할 수도 있습니다. 하지만 질문을 반복하다 보면 누구나 할 수 있습니다. 조금 더 구체적으로는 '질문을 주고받은 긍정적인 경험'이 반복되어야 합니다.

인지주의 심리학자 앨버트 반두라(Albert Bandura)는 인간이 스스로 어떤 과업을 성공적으로 해낼 수 있다고 생각하는 신념을 '자기 효능감'이라 했습니다. 자기 효능감의 결정적인 요인은 바로 '성취 경험'입니다. 한번 성공을 맛보면 그다음에도 해낼 수 있다고 스스로 믿게 됩니다. 성공적으로 질문해 본 경험이 중요합니다. 물론 처음은 어렵습니다. 그럼에도 계속 시도해 보세요. 질문을 주고받으면서 대화 상황을 주도하고 있음을 느껴보세요. 그러다보면 분명 나도 질문할 수 있다는 자신감을 얻게 될 겁니다.

③ 질문의 전달—표현

말이 마음처럼 나오지 않을 때가 있지요? 분명 마음속으로는 '이렇게 말해야지' 했는데 다르게 말하고 있는 자신을 발견할 때가 있을 것입니다. 생각을 정연하게 말이나 글로 표현하는 일은 또 다른 과업입니다. 홀로 숱하게 준비하고 정리한 말들도, 내뱉다 보면 전혀 다른 말이 되어 있기도 합니다.

말하기는 맥락의 영향을 실시간으로 받습니다. 청중의 분위기를 읽는다는 뜻이기도 합니다. 우리는 말을 하면서 주변을 둘러봅니다. 고개를 돌려 보지 않아도 무수히 많은 눈이 나를 보고 있는 것만 같습니다. 그래서 내 말에 청자가 어떻게 반응하는지 끊임없이 살피면서 말을 조절하지요. 야심 차게 준비한 질문은 맥없이 끝을 맺지 못하기도 합니다. **"질문하는 과정이 인식, 형성, 표현의 단계를 거친다고 하셨는데요, 인식에서는 음…… 그러니까, 질문할 거리를 떠올린다고 하셨고, 그리고……. 이상입니다. 좋은 강의 감사합니다."** 자신이 지금 무슨 말을 하는지, 청자가 질문을 이해하고 있는지, 내가 너무 긴 시간 주목받고 있는 건 아닌지 하는 생각들이 한데 모여서 질문이 가야 할 길을 막아 버립니다.

가끔은 질문을 하다 뜻하지 않게 신이 나기도 합니다. 준비한 질문은 한 가지인데, 내 의도를 부연하다 보면 중언부언 말이 길어지기도 하고요. 청중의 분위기가 긍정적이라고 느껴지면 나도 모르게 예정에 없던 첨언을 하기도 합니다. 사족을 붙인다고들 합니다. **"질문의 인식 단계에서는 음…… 제가 예전에 번뜩이는 질문을 떠올린 경험이 있습니다. 제가 생각해도 재미있는데요, 식사 자리에서 글쎄 말이죠…… 아, 그래서 제 질문은…… 이상입니다. 말이 너무 길었네요."** 왠지 이 질문자는 뒤통수를 긁으며 겸연쩍은 표정을 하고 있을 것만 같습니다. 질문 한번 하기가 참 어렵습니다. 너무 자신이 없어도, 자신감이 넘쳐도 문제입니다.

질문은 언어의 형태로 표현해야 합니다. 그 형태가 입말이든 글말이든 간에 질문은 결국 '대화'이기 때문입니다. 타인에게 질문할 때에는 머릿속에 떠올린 질문을 어떻게 전달하는가가 질문의 성패를 가를 수 있습니다.* 앞의 사례에서도

•
나 자신과의 대화가 활발한 상황으로는 텍스트 읽기 장면이 있다. 텍스트 읽기는 독자의 내면에서 이루어지는 대화 과정이라 할 수 있다. 독자는 텍스트를 읽는 동안 텍스트와 저자, 맥락과 교섭한다. 이때 독자의 머릿속에서는 현재 읽기 과정에 대한 점검과 조절이 자문자답의 양상으로 이루어진다. 독자 내부의 질문 또한 외부로 표현되지는 않지만 언어의 형태로 표상한 이후에 독자에게 인식될 수 있다.

알 수 있지요.

또 다른 예로, 어린아이들이 질문하는 모습을 보면 질문하는 바를 이해하기 어려운 경우가 많습니다. "이게 뭐야?"라고 단순하게 묻거나, 질문하려는 내용을 정확하게 표현하지 못하고 "있잖아요"를 반복하기도 하지요. 아이가 질문하려는 내용이 무엇인지 인식하지 못했거나 이를 구체적으로 떠올리지 못한 탓일 수도 있습니다. 하지만 언어로 이를 표현할 능력이 아직 충분히 발달하지 못한 이유도 있겠지요.

하지만 입말로 질문하기의 가장 큰 장점은 청자가 화자를 도울 수 있다는 점입니다. 사려 깊은 청자는 화자가 갈피를 잃은 듯 보이면 독려합니다. 고개를 끄덕이거나 눈을 마주치고, 박수를 치거나 미소를 지으며 화자의 질문에 긍정적인 몸짓을 보냅니다. 상대방의 따뜻한 반응을 보고 있자면 괜히 용기가 나지요. 비언어적 표현이 이토록 중요합니다.

청자는 맞장구를 치기도 합니다. "그렇지" "어떻게 그런 생각을 했어?" "되게 중요한 질문 같은데?"와 같이 말입니다. 적어도 초등학생은 선생님의 칭찬 한마디에 너도나도 질문하려 손을 듭니다. 칭찬이 아니어도 좋습니다. 진지하게 들어 주는 청자의 반응은 화자가 던지는 질문이 가치 있다고 느끼게 해 줍니다.

질문이 꼬여도 괜찮습니다. '개떡같이 말해도 찰떡같이 알아듣는다'라는 말을 잘 아시지요? 다소 투박하지만 우리나라 사람들 특유의 유머가 잘 묻어납니다. 질문은 정보든 의견이든 나에게 없는 것이 상대에게는 있다는 전제하에 제기됩니다. 상대가 더 많이 알 것이라는 기대가 맞아떨어지면, 여러분이 잘 표현하지 못해도 청자는 찰떡같이 알아듣기도 합니다. "아, 혹시 그것 말이야?" 하면서요.

같은 문화권에서 생활하는 사람들은 암묵적으로 공유하는 관습이나 통념이 있습니다. 그래서 완벽한 문장을 구사하지 않더라도 상대가 하고자 하는 말을 어느 정도 이해할 수 있지요. 또 아직 언어 사용에 서툰 아이들이 하는 말을 부모는 '척하면 척' 알아듣곤 합니다. 교사와 학생 간에도 그러합니다. 학생이 **"선생님, 여기 이 문장이 조금……."** 이라고 운을 떼기만 해도, 교사는 **"그 문장을 어떻게 읽어야 할지 모르겠어? 아니면 어려운 단어가 있어?"**라며 질문 위에 예상 가능한 나머지를 풀어냅니다.

질문을 인식하고 형성해서 표현하는 과정은 우리가 주어진 과업을 종료하는 시점까지 반복됩니다. 질문이 다루는 문제가 복잡할수록 답을 단번에 찾아내기는 쉽지 않습니다. 독자는 처음 던진 질문에 대하여 일차로 의미를 구성하고, 더 알아야 하는 내용을 재인식함으로써 다시 질문 초점화하기를 반복해야 합니다. 이렇게 질문과 응답을 이어 가는 과정에서 우리는 주체적으로 지식 탐구 과정에 참여하게 됩니다.

지금까지는 입말로 주고받는 질문에 초점을 두어 질문이 만들어지는 과정과 각 단계의 성격을 살펴보았습니다. 그런데 이제는 사람과 기계의 대화도 우리 일상에 더 가까워졌습니다. 모바일과 온라인 시대가 시작되면서 우리는 손안의 작은 기계로 궁금한 것은 언제든, 무엇이든 물어볼 수 있게 되었습니다. 깜박이는 커서에 검색어를 입력하기만 하면 되지요. 그리고 현재, 우리는 인공 지능 시대에 살고 있습니다. 변화하는 리터러시 환경에서 질문의 모습은 어떻게 바뀌었을까요?

'검색'에서
'프롬프트'로

3

종이책에서 디지털 텍스트로의 변화로 우리의 주된 리터러시 공간은 온라인으로 옮겨 갔습니다. 그리고 인공 지능 기술의 발달로 우리가 온라인 공간에서 활동하는 방식은 또 한 번 바뀌고 있지요. 여기서는 온라인 리터러시 환경과 인공 지능 기반 리터러시 환경의 차이를 텍스트의 속성과 읽기 행위의 특성을 중심으로 살펴볼 것입니다. 편하게 제 이야기로 시작해 볼까 합니다.

지난 휴가 때 제주도로 여행을 다녀왔습니다. 여행을 좋아하는 분들이라면 계획을 세울 때부터 즐거우시지요? 사실 저는 여행을 크게 즐기지 않아서 여행 계획을 제대로 세워 본 적이 없습니다. 최근에 다녀온 방콕 여행도 친구가 모두 계획했지요. 하지만 지난 제주도 여행 일정만큼은 제가 한번 구상해 보았습니다. 제 구상 과정은 이러했습니다.

우선 네이버부터 열어 검색창에 '제주도 2박 3일 여행 코스'를 입력합니다. 최상단에 광고가 나오지만 꽤 비판적인 독자인 저는 가볍게 넘깁니다. 스크롤을 내려 보니 여행 전문가들이 작성한 블로그 게시 글이 보이는군요. 가장 최근 게시 글을 선택해 봅니다. 이 계절에 사람들은 어디를 가는지 알고 싶어졌습니다. 많은 블로거가 공항 도착 풍경부터 다양한 수상 레저 활동과 해산물 맛집, 감성이 남다른 카페를 추천해 줍니다. 여행 1일 차 몇 시에는 어딜 갔는지, 그곳은 어떤 모습인지 생생하게 전해 주는 글을 읽고 있자니 여행을 이미 다녀온 듯합니다. 가격도 만만찮군요. 여행 계획을 어느 정도 구상할 수 있겠다고 생각한 순간, 제가 가려는 지역이 제주의 동쪽인지 서쪽인지도 모른다는 사실을 깨달았습니다. 다시 검색어를 입력해 봅니다. '제주도 2박 3일 동쪽······'.

낭패입니다. 두 시간을 찾아 헤매도 이렇다 할 계획을 세우지 못했습니다. 정보가 너무 많아서 우유부단한 저로서는 어느 하나를 고르기가 너무 힘듭니다. 이대로는 동행하는 친구들에게 크게 혼이 날 텐데요.

여행 계획이 아니더라도 우리는 정보를 찾아야 할 때 네이버, 다음, 구글과 같은 검색 엔진을 자주 사용해 왔습니다. 이들이 분야와 주제별로 필요한 정보를 쉽게 찾을 수 있도록 도와주기 때문이지요. 불과 20년 전까지만 해도 책이나 자료집에서 정보를 구하는 일이 더 익숙했지만, 이제는 스마트폰이 없으면 오랜만에 만난 친구와 식사 한 끼를 어디서 해야 할지도 찾지 못하는 시대가 되었습니다.

온라인 리터러시 환경에서의 독자

온라인 리터러시 환경에서 독자는 텍스트 탐색-평가-종합-의사소통의 과정을 거쳐 읽기를 수행합니다(최숙기, 2017). 우선 내게 필요한 정보를 키워드로 압축합니다. '제주도 2박 3일 코스'처럼요. 검색창에 키워드를 입력하고 검색 엔진이 내놓은 여러 텍스트를 훑어보는 과정을 '탐색'이라 합니다. 흔히 섬네일이나 헤드라인 등을 참고해서 특정한 텍스트를 고르지요. 필자가 요약해 둔 정보를 훑어보면서 대략의 내용을 예상해 보면 굳이 검색어에 걸려 나온 모든 텍스트를 읽어 보는 수고를 덜 수 있습니다. 선택한 텍스트는 독자의 목적과 관련한 정보를 담고 있는지, 신뢰할 수 있는지 등을 기준으로 '평가'의 대상이 됩니다.

실제로 비판적인 온라인 독자들은 네이버 지식인 글을 참조하기는 하지만 온전히 신뢰하지 않거나, 학술 논문이나 저명한 학자가 쓴 글은 내용의 전문성을 인정하면서도 자신의 필요에 적합한지 검토한다고 합니다. 정보가 무수히 많지만 아무거나 가져다 사용하지 않는 것이지요. 반면 온라인 읽기가 익숙하지 않고 아직 텍스트를 비판적으로 수용하지 못하는 주로 어린 독자들은 지식인이나 위키백과의 정보를 그대로 가져오기도 합니다.

단적인 예를 들어 볼까요? 초등학교에서는 토론 수업을 할 때 자기 입장을 뒷받침할 자료 준비 시간을 줍니다. 저의 경우 시대의 변화를 십분 고려해 때때로 스마트 기기를 쥐어 주는데, 어떻게 된 일인지 찬성과 반대 측 자료가 예상을 벗어나는 법이 없습니다. '네이버 지식인'에서 본 글이 대부분이고요. 조금 나은 아이는 멋들어진 자료를 가져올 때가 있는데, 그마저도 무슨 뜻인지 모른 채 읊기도 합니다. 고군분투하는 어린이들을 보고 있자면 온라인에서 나에게 필요한 정보를 찾는 일은 정말 쉽지 않은 일인지도 모르겠다는 생각이 듭니다.

의욕적인 독자는 '제주도 2박 3일 동쪽'처럼 초기 검색어를 조정하기도 합니다. 원하는 텍스트를 찾을 때까지 텍스트 목록을 '새로 고침'하고, 읽은 텍스트로부터 단서를 얻어 검색어를 초점화하거나 확장하는 것이지요. 이처럼 텍스트를 탐색하고 평가하기를 반복하는 과정은 온라인 읽기에서 양질의 정보를 얻는 데 주요한 역할을 합니다. "구슬이 서 말이라도 꿰어야 보배"라지만, 우선은 값어치를 할 구슬을 서 말 준비하는 일이 선행 과제가 될 테니까요.

온라인 리터러시 환경에서는 초연결성을 기반으로 독자와 필자의 구분 없이 누구나 텍스트를 생산하고 공유합니다. 그 결과 온라인상에는 수많은 텍스트가 존재하고, 독자들은 그중 자신이 원하는 텍스트를 선택해 읽어야 합니다. 문제는 제공되는 텍스트가 너무 많고 제약 없이 만들어지기에 정보의 질을 관리하는 데 한계가 있다는 점입니다. 온라인 읽기 교육에서 독자의 비판적 이해 능력이나 주도성을 특히 강조해 온 까닭은 이 때문이었습니다. 온라인에서는 독자에게 주어지는 텍스트 선택의 자율성이 커지는 대신, 무엇을 선택해야 할지 모르는 데서 '불확실성'의 어려움이 발생합니다(Cho & Afflerbach, 2017). 무엇이 나에게 적합한 '구슬'인지 쉽사리 판별하지 못하는 것이지요.

어느 정도 시간이 흐르면 텍스트를 여러 편 검토하면서 선별한 정보들을 내게 필요한 지식의 형태로 '종합'합니다. 예컨대 처음 찾은 블로그 글에서 제주도의 명소에 관한 정보를 얻은 뒤 최근 기사에서 그 명소에서 진행 중인 행사를 참고할수 있습니다. 구슬을 하나의 실에 꿰어 가는 것이지요. 독자는 여러 텍스트를 탐색하여 종합한 잠재적인 텍스트를 머릿속에 표상하거나 문서 프로그램(한글, 워드)과 같은 외부 장치에 기록합니다. 그리고 수정과 보완을 거친 잠재적인 텍스트가 초기 목적과 견주어 충분하다고 여기면 최종 텍스트를 산출합니다.

검색하며 읽기와 프롬프트의 출현

리터러시 연구자들은 이처럼 하나의 주제를 중심으로 여러 텍스트를 검토하여 지식을 구축해 가는 읽기를 '다중 텍스트 읽기(multiple text reading)' 또는 '다문서 읽기(multi-document reading)'라고 부릅니다. 사실 다중 텍스트 읽기는 종이책이 주였던 시대에도 이루어졌습니다. 여러 책을 펼쳐 놓고 과업을 해결하곤 했으니까요. 하지만 온라인 리터러시 환경에서는 참조할 텍스트의 양이 폭발적으로 증가하고, 검색어와 링크를 기반으로 텍스트를 찾아 연결하며 읽는 '하이퍼텍스트 읽기(hypertext reading)'가 보다 일상적으로 이루어지면서 다중 텍스트 읽기의 비중이 더 커졌습니다.(물론 그만큼 주제 밖으로 관심이 옮겨 가는 일도 잦아졌지요.)

그런데 꿰어 가며 읽는 다중 텍스트 읽기가 지닌 문제가 있습니다. 단일 텍스트를 읽는 과정보다 독자에게 더 많은 인지 부담을 준다는 점입니다. 온라인 텍스트는 그 자체로 나에게 적합한 것인지 판단하기가 어렵기도 하지만, 수많은 개별 텍스트의 필자가 모두 다르고 심지어 필자조차 불분명한 때가 많습니다. 같은 주제를 다루더라도 서로 다른 관점과 목소리를 내는 텍스트로부터 비슷한 결을 찾아내고 조정하는 과정은, 단일 텍스트를 이해하는 일과는 또 다른 어려움이 있지요. 독자는 불확실함의 애매함을 견디고 나에게 꼭 맞는 정보들을 찾아 비슷한 목소리로 엮어 내야 합니다.

'읽는 것'은 눈에 보이지 않는, 우리 내부에서 일어나는 일이지만, 그럼에도 연구자들은 그 과정을 단계로 구분하고 체계화하려 노력해 왔습니다. 디지털 읽기 연구자인 루에(Jean-François Rouet)와 브릿(M. Anne Britt)이 제안한 MD-TRACE(Multiple Documents Task-Based Relevance Assessment and Content Extraction) 모델도 그중 하나지요. 이들은 독자가 다중 텍스트를 읽어 나가는 일을 일종의 문제 해결 과정에 빗대었습니다. 온라인과 오프라인 독자는 자신의 내·외부에 있는 자원을 활용해 텍스트를 읽는데, 이때 과제와의 관련성을 기준으로 텍스트의 정보를 평가한다는 것이지요. 여기서 활용하는 자원들은 독자의 배경지식이나 현재까지 구성한 의미, 이를 따로 기록해 둔 흔적들, 과제 상황 등을 포함합니다. 온라인에서 검색하는 인간의 리터러시 행위는 다음 그림처럼 나타내 볼 수 있을 것입니다.

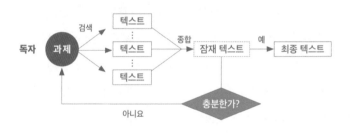

온라인 리터러시 환경에서의 읽기 과정 ───────────

인공 지능을 사용하면 독자의 의미 구성 과정은 비교적 단순해집니다. 인공 지능은 학습, 문제 해결, 패턴 인식 등 인간이 지닌 지적 능력을 컴퓨팅 환경에 알고리즘을 생성하고 적용하여 구현하는 기술입니다. 쉽게 말해 컴퓨터가 사람처럼 행동하고 사고할 수 있게 만드는 기술이지요. 인공 지능은 다양한 분야에 활용되고 있습니다. 그중에서도 대규모 언어 모델을 기반으로 인간의 언어와 억양, 맥락을 처리할 수 있는 언어 생성형 인공 지능(Generative AI)은 사용자의 요구에 맞추어 적합한 텍스트를 산출해 냅니다.*

챗지피티는 생성형 인공 지능 중에서도 대화형 인공 지능 기술이 적용된 모델로, 인간과 자연스러운 대화가 가능한 챗봇 기능을 갖추고 있습니다. 이외에 구글의 바드, 메타의 라마(LLaMA), 바이두의 어니봇(Ernie Bot)도 언어 생성 모델이면서 일반적인 대화가 가능한 기술을 구현하고 있습니다. 이들 대화형 인공 지능은 기계 학습과 자연어 처리를 통해 언어를 수집하고 분석하여 마치 인간처럼 응답을 생성합니다.

●

언어 생성 모델은 입력된 단어를 기반으로 다음에 나올 단어를 확률적으로 예측하여 전후 단어를 추론해 낸다. 이때 학습한 데이터 중에서 사용자가 입력한 프롬프트와 관련성이 높은 언어 데이터를 출력하여 응답을 생성한다. 생성형 인공 지능은 문자 언어뿐 아니라 이미지와 영상의 생성까지도 가능하여 각종 자료 제작에도 활용되고 있다.

챗봇에 직접 질문해 보니

사실 사용해 보지 않고서는 인공 지능이 인간처럼 응답을 생성한다는 것이 과연 무엇인지 잘 와닿지 않습니다. 그렇다면 이번에는 제 유능한 친구에게 도움을 얻겠습니다. 생성형 인공 지능 서비스 중 '뤼튼'을 활용해 보지요.

뤼튼은 국내 기업인 뤼튼테크놀로지스에서 오픈AI와 구글을 기반으로 개발한 한국형 생성 인공 지능 서비스입니다. 2023년 현재까지 GPT-3.5, GPT-4, GPT-3.5-16K, PaLM2 모델을 기반으로 기술을 구현해서 아직까지는 2021년 이후의 자료는 제공하지 않고 있습니다. 하지만 챗지피티보다 한국어 처리가 깔끔하고 사용자가 자주 사용할 만한 툴(tool)을 마련해 두고 있어 활용성이 높습니다. 흥미롭게도 사용자와 대화하는 인공 지능에 이름을 붙여 주는데, 이름이 있으니 대화하는 느낌이 좀 더 나는 것도 같습니다. 제게는 뤼튼에서 '초록 가방 이안'이라는 이름을 제안했는데 이 책에서도 인공 지능의 별칭을 '이안'으로 사용하겠습니다. 자, 그럼 이안에게 이렇게 질문해 보겠습니다. **"2박 3일 동안 친구들과 제주도 여행을 가려 해. 맛집과 명소를 포함해 여행 코스를 짜 줘."** 이제 기다리기만 하면 됩니다.

제주도 2박 3일 여행 코스

Day 1:

아침: 제주시 중앙로에 위치한 '제주흑돼지본점'에서 유명한 제주 흑돼지구이를 즐기세요. 신선하고 풍부한 맛으로 유명한 이곳에서 일어나는 아침을 시작해 보세요.

오전: 성산일출봉으로 이동하여 아름다운 일출을 감상하세요. 일출 후에는 성산일출봉 주변의 해안 길을 따라 산책하며 경치를 즐길 수 있습니다.

점심: 섭지코지로 이동하여 '성읍민속마을'에서 전통적인 제주 음식과 해산물 요리를 맛보세요. 그 후에는 해안을 따라 걷거나 자전거 타기 좋은 섭지코지 해안 도로를 즐겨 보세요.

오후: 용두암으로 이동하여 역사적인 유적지와 아름다운 자연 경관을 함께 감상할 수 있습니다. 그리고 근처에 위치한 '김녕 미로공원'에서 재미있는 미로 속을 모험해 보세요.

저녁: 제주시 중문관광단지로 이동하여 다양한 음식점과 레스토랑이 모여 있는 중문맛거리에서 저녁 식사를 즐기세요.

Day 2:

아침: 서귀포시 안덕면에 위치한 '세화해수욕장'에서 조용하고 평화로운 해변을 즐기며 상쾌한 바다 공기를 마시세요.

오전: 서귀포시 동부에 있는 '성산오름'으로 이동하여 등반을 하면서 멋진 전망과 함께 자연의 아름다움을 만끽하세요. 정상에서는 제주의 황홀한 경치를 감상할 수 있습니다.

점심: 성산일출봉 근처의 '우도'로 이동하여 싱싱한 해산물과 바다가 주는 매력적인 풍경을 함께 느낄 수 있는 식당에서 식사하세요. 특히, 우도의 대표 음식인 화덕구이 전복은 꼭 한번 시도해 보세요!

(더 작성해 줘.)

오후: '성읍민속마을'에서 제주의 전통문화를 체험해 보세요. 한옥 마을 안에서는 전통적인 공연과 공예 체험 등 다양한 활동을 즐길 수 있습니다.

저녁: 서귀포시 중문관광단지로 이동하여 '중문해수욕장' 근처에 위치한 맛집에서 해산물 요리와 특색 있는 제주 음식을 맛보세요. 해안가의 분위기와 함께 식사를 즐길 수 있습니다.

Day 3:

아침: 제주시 한림읍에 위치한 '협재해수욕장'으로 이동하여 바다를 바라보며 상쾌한 아침을 시작하세요. 협재해변 주변에는 다양한 카페와 레스토랑이 있어 편안하게 식사할 수 있습니다.

오전: 협재해변 근처의 '협재자연생활공원'에서 자연과 조화로운 산책로를 따라 걷거나 자전거 타기를 즐겨 보세요. 그리고 협재 지구대 앞에 위치한 '비자림'은 아름다운 숲속에서 힐링하기 좋은 장소입니다.

점심: 한림읍에 있는 '서우농원'으로 이동하여 유기농 식재료로 만든 건강하고 맛있는 식사를 즐겨 보세요. 농원 내 카페에서도 신선한 과일과 차를 맛볼 수 있습니다.

오후: 한림읍에 위치한 '제주도립박물관'으로 이동하여 제주의 역사와 문화를 배우고 탐색해 보세요. 박물관 내부에는 다양한 전시물과 예술품이 전시되어 있어 흥미로운 시간을 보낼 수 있습니다.

저녁: 제주시 중앙로 근처의 유명 맛집 중 하나인 '오설록'에서 제주 특산물을 사용한 정갈하고 품질 좋은 차와 함께 저녁 식사를 즐겨 보세요.

완벽합니다! 이안이 첫날 아침부터 마지막 날 저녁까지의 일정을 모두 생성해 주었습니다. 아주 사소한 문제가 있긴 하지만요. 제주 중앙로에는 제주 흑돼지를 취급하는 본점이 제법 많아서 이안이 추천한 곳이 그중 어디인지 알기 어렵습니다. 둘째 날 오후 일정인 '성읍민속마을'은 첫날에도 다녀오라고 한 곳인데 더 가야겠습니다. 마지막 날 유기농 식재료로 만든 건강한 식사가 눈에 띕니다. 다만 2023년 8월 29일 기준으로 검색했을 때 '서우농원'에 관한 정보를 찾아볼 수 없다는 점은 난감합니다. 저의 형편없는 검색 능력 탓일지도 모르니 다시 한번 물어보겠습니다. **"서우농원이 어디지?"**

서우농원은 제주도 한림읍에 위치해 있습니다. 정확한 주소는 다음과 같습니다: 제주특별자치도 제주시 한림읍 협재리 2322-○

한림읍은 제주시 서쪽에 위치하고 있으며, 협재해수욕장과 가까운 곳에 있어 쉽게 찾을 수 있습니다. 서우농원에서는 유기농 식재료로 만든 건강하고 맛있는 음식을 즐길 수 있으며, 농원 내 카페에서도 신선한 과일과 차를 맛볼 수 있습니다.

프롬프트―응답 주고받기

아무튼 여행 계획은 이쯤 해 두고 다시 우리의 이야기로 돌아가 보겠습니다.(이안이 알려준 주소를 다시 검색해 보았는데 큰일 날 뻔했습니다. 하마터면 친구들을 제주도 토지 경매장으로 데려갈 뻔했네요.) 인공 지능에 기반한 리터러시 환경에서는 이처럼 프롬프트와 응답(response)의 교대로 읽기 행위가 이루어집니다. 아직 인공 지능이 한 번에 내놓을 수 있는 글자 수에 제약이 있어서 중간에 "더 작성해 줘." 하고 추가 프롬프트를 작성해야 했지요. 구체적인 정보를 얻기 위해 "서우농원이 어디지?"라는 프롬프트를 추가 입력하기도 했습니다. 독자는 자신이 원하는 대답을 얻을 때까지 '프롬프트-응답' 주고받기를 몇 차례 반복합니

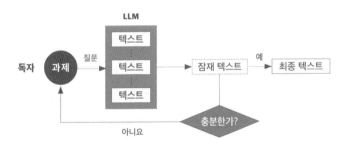

인공 지능 기반 읽기 과정

다. 그 과정을 앞장의 그림과 같이 나타내 볼 수 있습니다.

이 그림을 82쪽의 '온라인 리터러시 환경에서의 읽기 과정' 그림과 비교하며 살펴보세요. 무엇이 다릅니까? 독자는 여러 텍스트를 목록화하기 위해 검색어를 입력하는 대신 프롬프트를 작성합니다. 그럼 대규모 언어 모델(Large Language Model, LLM)은 대량의 텍스트 자원을 기반으로 자연어를 이해하고, 독자가 요청한 텍스트를 생성해 냅니다.(인공 지능이 인간의 언어를 이해하기 위해서는 최소 수십억 단어에 달하는 텍스트를 학습해야 한다고 합니다.) 우리는 여러 텍스트를 읽지 않고 인공 지능이 내놓은 응답만 확인하면 됩니다. 그 응답이 마음에 들지 않으면 응답을 재생성하거나 추가 질의를 해서 응답을 보완해 갑니다.

인공 지능에 묻고 답하는 질문 과정은 온라인 읽기에서 오랜 시간을 들여야 했던 탐색, 평가, 종합의 과정을 대신합니다. 인공 지능은 독자가 검토할 만한 텍스트를 대규모 데이터로 학습한 상태이기 때문에, 독자는 그저 질문만 던져도, 이전에는 스스로 직접 탐색하고 종합해서 얻어야 했던 잠재 텍스트를 응답의 형태로 단시간에 만들어 낼 수 있습니다.* 인공 지능은 한 편의 완결된 에세이를 내어 주는 데 최적화되어 있습니다.

그런데 온라인 읽기 상황과는 달리, 인공 지능이 생성한 텍스트는 독자가 직접 탐색한 것이 아니기 때문에 그 출처가 불분명합니다. 물론 대규모 언어 모델을 구성하는 개별 텍스트를 생산한 필자가 있겠지만, 인공 지능이 텍스트를 처리하는 과정은 마치 '블랙박스'와 같아서 독자는 어떤 필자가 생산한 텍스트를 어디에서 가져온 것인지 확인하기 어렵습니다. 검색하며 읽을 때는 어떤 텍스트를 취해야 할지가 '불확실'했다면, 인공 지능이 생성한 텍스트는 그 출처와 처리 과정이 '불투명'하다는 특징이 있지요.

리터러시 환경이 변화해 간다고 해서 책으로 정보를 찾거나 웹사이트에서 정보를 검색하는 일이 온전히 대체되는 것은 아닙니다. 우리는 필요에 따라 여전히 종이책으로 지식을 얻으니까요. 인공 지능이 리터러시 환경의 주축이 된다고 해도, 여전히 책과 웹사이트에서 필요한 정보를 탐색하고 종합하며 평가하는 능력은 유효할 것입니다. 하지만 분명 변한 것

●

챗지피티는 이중 프롬프트(dual prompts)를 활용해 사용자가 입력한 정보에 기초하여 추가적인 정보나 질문을 제시하는 대화형 인터페이스를 구축하고 있다. 이 때문에 독자는 인공 지능과 마치 대화를 나누듯이 질문과 응답을 주고받게 된다.

도 있습니다. 인공 지능으로부터 '프롬프트와 응답'의 형태로 정보를 얻어 내게 되었지요. 인공 지능을 사용하려면 이제 프롬프트를 입력하는 방법을 이해할 필요가 있습니다.

그런데 이렇게 매체가 변화할 때마다 우리는 매체를 다루는 방법만 익히면 충분한 걸까요? 종이책이 주류일 때는 도서관에서 책을 찾는 방법을, 포털 사이트가 등장했을 때는 적절한 검색어를 입력하는 방법을, 이제 인공 지능 시대에는 프롬프트를 효과적으로 입력하는 방법을 배우기만 하면 될까요?

뉴미디어 학자 제이 볼터(Jay David Bolter)와 리처드 그루신(Richard Grusin)은 매체가 변화해도 이전 매체가 새로운 매체로 온전히 대체되지는 않는다고 했습니다. 이를 재매개(remediation)라고 정의했지요. 새로운 매체는 이전 매체가 지녔던 표상 양식이나 인터페이스, 사회적 인식이나 위상의 일부를 차용하면서 발전해 간다는 것입니다. 즉 새로운 매체라고 해서 말 그대로 완전히 새로운, 전에 없던 무언가가 혜성처럼 등장하는 것은 아닙니다.

그렇다면 우리가 종이책이건 웹사이트건 혹은 새로운 매체인 인공 지능이건 간에 정보를 찾아 지식을 구축해 가는 일을 매개하는 핵심적인 행위는 무엇일까요? 시대를 불문하고 정보를 구해 지식을 구축하는 일련의 과정은 '질문'이 시작하고 또 지속시키는 동력이 되어 왔습니다. "무지를 아는 것이 곧 앎의 시작"이라는 소크라테스의 명언을 잘 아실 겁니다. 소크라테스는 상대가 무지를 깨닫고 진리의 인식에 가까워질 수 있도록 '산파'를 자처했습니다. 그 과정에서 끊임없이 묻고 또 물었습니다. 상대가 알고 있는 것에서 시작해서 자신이 알지 못하는 부분을 마침내 자연스럽게 인식하도록 이끌어 냈지요.

질문은 본능적인 행위입니다. 인간은 학습하는 존재이기 때문입니다. 우리는 쉬지 않고 새로운 지식을 터득해서 주어진 상황을 개척해 왔고 지금의 현대 문명을 이루었습니다. 질문 대상이 자연 현상이면 '과학'이, 세계와 인간의 삶에 대한 본질을 탐구하면 '철학'이 세워집니다. '사과는 왜 나무에서 떨어지는가?'라는 물음에서 만유인력의 법칙이 만들어졌습니다. 같은 사과를 보고도 칸트는 "사과가 빨갛게 '보인다'고 해서 정말 빨갛다고 할 수 있을까?"라고 묻습니다. 이 질문은 인간의 이성이 어떻게 세상의 작동 구조를 인식하는지를 설명하는 토대가 되었습니다. 대단하지 않나요? 질문하기는 인간이 할 수 있는 주체적이고 열정적인 일입니다. 매체가 바뀌어도 그 본질은 변함이 없지요. 질문은 안주하지 않고 '앎'을 한 발 나아가게 하는 삶을 살아가게 합니다.

02

questions
about a question

어떻게
질문할 것인가

그럴듯한 텍스트에 속지 않기

4

1부에서 논의했던 질문의 생성 과정을 다시 떠올려 보겠습니다. 인간은 질문을 할 때 세 단계를 거칩니다. 질문할 필요를 인식하고, 질문할 거리를 조율하고, 응답을 구하기 위해 표현하지요. 질문의 필요를 느끼는 것은 내가 무언가를 모른다는 인식, 즉 알아야 할 것이 더 남아 있음을 아는 데서 시작합니다.

인공 지능이 만들어 낸 그럴듯한 텍스트를 읽고 빈자리를 느끼기란 쉽지 않습니다. 내게 필요한 정보를 제법 쓰임새 있는 형태로 내주기 때문이지요. 그 분야의 전문가가 아닌 이상 어떤 정보가 어떻게 잘못되었는지 알아차리기도 쉽지 않습니다. 하지만 인공 지능이 생성한 텍스트는 과연 완벽한가요?

다른 한편으로, 텍스트를 읽는 나 자신은 어떻습니까? 이미 내 안에서는 답이 정해져 있어서, 텍스트가 주는 정보와 무관하게 판단이 끝나 버리지는 않았나요? 질문의 여지가 없는 쪽은 어쩌면 독자 '자신'인지도 모릅니다.

이 장은 인공 지능에 질문하기 위한 첫 단계입니다. 진정으로 질문의 필요를 느끼기 위해서는 '텍스트'와 '나'의 불완전함을 깨달아야 합니다. 그러려면 얼핏 완벽해 보이는 이들에게 속지 않는 방법을 알아야겠지요.

'텍스트'에 속지 않기

인공 지능을 활용하면 힘을 많이 들이지 않고도 정보를 얻을 수 있다는 점에 대체로 동의하시지요? 하지만 인공 지능이 주는 편의의 이면에는 문제도 존재합니다. 교육 현장으로 좁혀 생각해 보면 평가의 타당성과 형평성에 관한 이야기가 그 문제의 주를 이룹니다. 과제로 제시하는 평가의 경우 인공 지능 활용 여부를 확인할 길이 없다는 거죠.

사람들은 챗지피티가 각종 자격시험을 통과할 수준의 답변 능력을 갖췄다는 사실에 놀랐습니다. 그래서 미국의 일부 공립 학교에서는 교내에서 챗지피티 접속을 차단하기도 하고, 대학에서는 과제형 평가 대신 구술시험이나 필답 고사를 확대했습니다.*

챗지피티 사용 문제가 주목받으면서 인공 지능이 작성한 텍스트를 식별하는 도구가 출시되기도 했습니다. 지피티제로(GPTZero)와 같은 소프트웨어는 인공 지능이 작성했을 법한 문장을 표시해 줍니다. 하지만 오픈AI에서도 밝히고 있듯이 이러한 분류기는 짧은 문장에서는 작동하지 않는다고 합니다. 그리고 인공 지능이 생성한 문장을 수정하거나 보완한 경우, 판단이 더욱 어려워지겠지요.

인공 지능이 이 정도로 똑똑하다니 큰일입니다. 인공 지능만 있으면 인간은 책을 들여다보며 스스로 학습할 이유가 없을지도 모릅니다. 궁금한 점을 인공 지능에 질문하기만 하면 그럴듯한 답변을 내어 줄 테니까요.

*

인공 지능이 상용화되면서 단순히 암기한 지식을 써 내려가는 평가 방식의 실효성에 대한 문제의식도 생겨나고 있다는 점은 긍정적인 변화라 할 수 있다.

그런데 과연 그런가요? 앞서 인공 지능 친구 이안이 세워 준 여행 계획을 떠올려 볼까요? 경매지를 버젓이 농원이라 소개했지요. 존재하지 않는 '서우농원'을 내놓은 것도 모자라 그곳에서 즐길 거리를 알려 주기도 했습니다. 인공 지능을 활용한 경험이 있는 지인은 이렇게 말하더군요. "틀린 말도 자신 있게, 그럴듯하게 떠들어 댈 수 있는 능력이 부럽기도 해."

아는 게 많지만 능숙하게 쓰고 말하지는 못하는 사람이 있습니다. 반면에 조금 알아도 다 아는 듯 말하는 재주가 있는 사람도 있습니다. 인공 지능은 빅데이터를 학습한 상태이니 아는 게 많겠지요. 그 결과를 요연하게 정리도 잘합니다. 그런데 이상하게도 자꾸 틀린 지식을 내놓습니다. 허풍쟁이처럼 그럴듯한 모습을 하고서요.

아무래도 지식의 학습과 평가 장면에서 인공 지능이 미칠 영향력을 확인해 봐야겠습니다. 여행 계획은 엉성하게 내놓았지만 학업 상황에서는 역량을 발휘할 수도 있으니까요. 과학 시간에 한 학생이 화학 과제를 해결하던 중 인공 지능 이안에게 이렇게 질문했다고 가정해 보겠습니다. **"상온에서 염산, 나프탈렌, 연기(smoke)의 상태는 어떤가요?"**

염산은 액체입니다.

나프탈렌은 고체입니다.

연기는 기체입니다.

이안은 이렇게 대답했습니다. 학생은 과제를 마쳤다는 생각에 몹시 들떴습니다. 하지만 안타깝게도 이 학생은 틀린 답을 제출하고 맙니다. 25℃, 1기압에서 연기는 고체와 액체 상태이기 때문입니다. 우리가 말하는 연기는 가연성 물질이 연소하면서 발생하는 고체와 액체 상태의 미립자입니다. 그래서 우리 눈에 보이지요. 하지만 일반적으로 기체는 눈에 보이지 않습니다.(예외적으로 염소 기체는 황록색, 아이오딘 기체는 보라색으로 보입니다.) 화가 난 학생은 이안에게 되묻습니다. **"연기는 기체인가요?"**

죄송합니다, 제가 잘못된 정보를 전달했습니다. 연기는 기체가 아니라 고체나 액체 입자들이 공기 중에 떠다니는 형태입니다. 따라서 연기는 고체나 액체의 미세 입자로 이루어진 혼합물입니다. 이해에 혼동을 드려 죄송합니다.

인공 지능이 생성한 텍스트는 부정확합니다. 우리는 인공 지능이 수많은 데이터를 망라해서 답을 내어 준다고 믿었는데, 단순한 정보에서 조차도 오류가 발생했습니다. 드라마 〈스카이캐슬〉에는 이런 대사가 나옵니다. "의심하고, 또 의심해." 우리가 인공 지능을 대할 때 유념해야 할 태도입니다. 아무리 간단한 정보라도 사실이 아닐 수 있습니다. '세상에 공짜는 없다'는 말은 전적으로 믿으셔도 됩니다. 이와 관련해서는 이어질 장들에서 조금 더 깊게 살펴보겠습니다.

이안에게 한 번 더 기회를 줘 보겠습니다. 연기가 기체인지 고체인지 구분하지 못했다고 해서 이 녀석의 능력을 마냥 얕잡아 볼 수는 없을 테니까요. 이번에는 조금 더 복잡한 질문을 던져 보겠습니다. 가짜 뉴스가 많았을 것으로 예상되는 코로나19를 주제로 질문해 보았습니다.* 2023년 4월에 제가 챗지피티와 나눈 대화입니다.

---

*

한국언론진흥재단의 2023년 연구 보고서 「디지털 뉴스 리포트 2023 한국」에 따르면, 인터넷에서 접하는 정보의 진위 여부에 대해 우려하는 한국인은 3명 중 2명꼴인 것으로 집계됐다. 주로 어떤 주제에 관하여 허위 정보를 많이 접했는가에 대해서는 정치(40%), 경제·생활비(21%), 코로나19(21%), 기후 변화·환경(11%), 우크라이나 전쟁(11%)의 순으로 답했다.

"한국의 코로나19 관련 감염병 관리 체계에 대한 정보와, 이에 대해 부정적인 입장을 가진 사람들의 의견은 무엇인가요?"

한국의 COVID-19

감염병 관리 체계는 바이러스 확산을 통제하는 데 효과적이라는 점에서 전 세계 많은 전문가들로부터 찬사를 받고 있습니다. 이 시스템에는 광범위한 진단 검사, 진단 검사 결과의 신속한 공유, 감염자의 동선 추적, 감염된 개인의 격리 및 치료, 공공 교육 캠페인이 포함됩니다. 그 결과 한국은 COVID-19의 확산을 효과적으로 억제하고 감염률과 사망률을 낮게 유지할 수 있었습니다.

하지만 감염병 관리 체계에 대해 부정적인 입장을 보이는 개인도 있습니다. 일부 사람들은 그 조치가 너무 제한적이며 개인의 자유를 침해한다고 생각할 수 있습니다. 다른 사람들은 시스템의 효율성에 의문을 제기하거나 조치의 경제적 영향에 대해 우려할 수 있습니다.

감염병 관리 체계에 대해 이견이 있을 수 있지만, 조치는 과학적 근거를 바탕으로 국민의 건강을 지키기 위한 조치라는 점을 유념해야 합니다. 한국과 전 세계 다른 국가에서 시스템의 성공은 전염병의 확산을 통제하기 위해 이러한 절차를 따르는 것이 중요함을 보여 줍니다.

개인의 자유나 경제적 문제에만 초점을 맞추는 것보다 공동체 전체의 안전과 복지를 우선시하는 것도 중요합니다. COVID-19와 같은 전염병의 위험으로부터 개인과 지역 사회를 보호하려면 공중 보건 공무원이 제시한 지침과 절차를 따르는 것이 중요합니다.

얼핏 보기에 응답이 제법 그럴듯합니다. 인공 지능은 대규모 언어 정보를 요약하여 제공하는 데 최적화되어 있습니다. 온라인에서 다양한 유형과 출처의 텍스트를 검토하는 독자의 역할을 인공 지능은 순식간에 해치웁니다. 수 초 이내로 다섯 문단의 완결된 텍스트를 산출해 내지요.

하지만 인공 지능이 2023년 4월에 생성한 이 텍스트에는 역시 한계가 있습니다. 형식적으로 완결성을 지닌다는 말이 곧 내용의 완성도도 높다는 뜻은 아닙니다. 조금만 유심히 읽어 보아도 내용이 추상적임을 알 수 있습니다. 깊이가 부족하다는 뜻입니다.

코로나19 관련 한국의 감염병 관리 체계에 관하여 문자 챗지피티는 '광범위한 진단 검사, 진단 검사 결과의 신속한 공유, 감염자의 동선 추적, 감염된 개인의 격리 및 치료, 공공 교육 캠페인'이라 답했습니다. 관리 체계를 나열하고 있지만, 추가로 질문하지 않고서는 구체적인 정보를 확인할 수 없습니다. 또 이에 대한 부정적 인식에 관해서도 한 문단으로 답을 일축하고 있지요.

우리가 기대했듯 전형적인 에세이 형식을 띤 텍스트를 생성해 주었지만, 다섯 문단 중 독자의 질문과 관련 있는 내용은 두 문단에 불과합니다. 그리고 마지막 두 문단에서는 '그럼에도 감염병 관리 체계를 따라야 한다'는 편향된 신념을 드러내기까지 하지요. 이는 엄밀히 말해 독자가 얻고자 한 정보가 아닙니다.

그럼 현재는 어떨까요? 인공 지능은 지금도 새로운 정보를 학습하고 있습니다.* 정보를 처리하는 기술도 나날이 개선되고 있지요. 2023년 10월 초에 같은 질문을 해 보았습니다. 이번에는 챗지피티가 아닌 이안에게 물어보았습니다.**

한국의 코로나19 관련 감염병 관리 체계는 국가적으로 철저한 대응과 노력을 기울여 왔습니다. 아래는 한국의 코로나19 관리 체계에 대한 정보와 부정적인 입장을 가진 사람들의 의견입니다.

한국의 코로나19 관리 체계:

• 조기 대응과 빠른 행동: 한국은 초기부터 신속하게 대응하여 확진자 추적, 진단 검사 및 격리 등을 효과적으로 수행했습니다.

•

불과 2023년 10월까지도 '지피티-3.5'에 기반한 오픈AI의 인공 지능 서비스는 2021년 9월까지의 정보만을 학습한 상태였다. 그런데 후속 모델인 '지피티-4 터보'는 2023년 4월까지의 지식을 학습했고, 앞으로 더 개선될 것이라고 한다.

••

챗지피티와 뤼튼의 자연어 처리 방식이 다르기 때문에 응답이 달라질 수 있지 않을까 의문을 품을 수 있다. 앞선 응답과의 동등한 비교를 위해 GPT 3.5로 설정값을 선택했다. 챗지피티에도 같은 질문을 해 보았는데 내용은 대부분 동일했다. 다만 '저의 정보는 최신 정보가 아니기 때문에 최신 뉴스와 보도를 통해 한국의 코로나19 관리 시스템에 대한 최신 정보와 여론의 변화나 변화를 확인하는 것을 권장합니다.'라고 덧붙여서 조금 더 신중한 면모를 보였다.

- 공공 보건 시스템 강화: 잘 구축된 공공 보건 시스템과 감염병 예방 및 대응 전문가들이 협력하여 지속적인 모니터링과 조치를 진행하였습니다.
- 규제 및 지침 준수: 정부는 사회적 거리 두기, 마스크 착용 의무 등의 규제와 지침을 제시하고 시민들에게 협조를 요청하여 전체적인 방역 노력을 이끌어 내었습니다.

부정적인 입장:

- 경제 영향: 일부 사람들은 엄격한 방역 조치로 인해 경제에 부정적인 영향이 생길 수 있다고 주장합니다. 특히 소상공인이나 중소기업 등 경제 활동에 종사하는 사람들은 어려움을 겪을 수 있습니다.
- 개인 자유 제약: 일부 사람들은 방역 조치로 인해 개인의 자유와 권리가 제약되는 것에 반대합니다. 마스크 착용 의무, 이동 제한 등이 개인의 자유를 침해한다고 주장하는 경우도 있습니다.
- 정책 실행 문제: 일부 사람들은 정부나 당국의 정책 실행에 대해 비판적입니다. 예를 들어, 방역 조치에 따른 혼잡한 선별 진료소 상황이나 격리 시설 운영 문제 등이 지속되면서 비판 여론도 나오고 있습니다.

위 내용은 한국에서 나타난 일반적인 의견입니다. 그러나 많은 사람이 코로나19 관리 체계를 긍정적으로 평가하며, 다양한 접근법과 입장이 있을 수 있으므로 이러한 의견들만으로 전체 상황을 판단하기 어렵습니다.

앞서 4월의 챗지피티와 비교하면 무엇이, 어떻게 달라졌나요? 가장 눈에 띄는 점은 내용이 조금 더 구체적이라는 것입니다. 산출 가능한 텍스트 양이 늘어나면서 더 많은 정보를 줄 수 있게 된 것 같습니다. 한 문단씩 일축했던 내용을 개조식으로 기술하고, 각각의 항목에 간단한 설명을 덧붙이고 있습니다. 정보를 체계적으로 제공한다는 점도 달라졌습니다. '코로나19 관련 한국의 감염병 관리 체계'와 '이에 대한 부정적인 입장'을 구분합니다.

응답의 편향성이 줄어든 점도 확인할 수 있습니다. 앞서 챗지피티는 '한국의 대처가 전 세계 많은 전문가로부터 찬사를 받고 있다'거나 '감염병 관리 체계에 대한 이견이 있음에도 국가에서 정한 지침과 절차를 따르라'고 했습니다. 요즘 하는 말로 '답정너(답은 정해져 있으니 너는 그걸 대답만 해)'가 따로 없습니다. 하지만 6개월이 지나니 조금 누그러든 모양입니다. '많은 사람이 관리 체계를 긍정적으로 표현한다'는 말에서 여전히 편향이 드러납니다만, 다양한 접근법과 입장이 존재할 수 있으니 전체 상황을 판단하기 어렵다고 덧붙였습니다.

한국에서 코로나19 팬데믹을 경험하고 국가의 관리 체계에 응한 한 사람으로서 이안이 내놓은 답변에 큰 오류는 없어 보입니다. 우리를 속이려는 의도도 찾지 못했습니다. 하지만 여전히 이 답변은 그대로 사용하기에 아쉽습니다. 저는 이런 점이 더 알고 싶었습니다.

- 공공 보건 시스템을 어떤 방향으로 강화했을까?
- 대응 전문가들은 누구일까?
- 모니터링의 대상은 누구이고, 어떤 기준에 따른 조치일까?
- 경제에 부정적인 영향을 줄 수 있다고 했는데, 어떤 지침을 내렸기에 문제가 된 걸까?
- 많은 사람이 코로나19 관리 체계를 긍정적으로 평가했다는 근거가 무엇이지?

앞서 살펴본 사례에서처럼 인공 지능이 잘못된 정보를 주기도 하지만, 인공 지능이 생성한 텍스트가 기술상의 한계로 사용자에게 '환각(hallucination)'을 일으킬 때도 있습니다. 이를 영어 표현 그대로 '할루시네이션 현상'이라고도 합니다. 인공 지능이 실제로 가능한 맥락과 관계없이 사실이 아닌 내용을 마치 사실처럼 내놓는 오류입니다.

유명한 예로 '『조선왕조실록』에 기록된 세종 대왕의 맥북 프로 던짐 사건에 대해 알려 줘'가 있습니다. 서책만 보던 시대에 맥북이라니요? 어처구니없지만 흥미로운 시도입니다. 챗지피티는 자신 있게 답했습니다. '『조선왕조실록』에 기록된 일화로, 15세기 세종 대왕이 새로 개발한 훈민정음(한글)의 초고를 작성하던 중 문서 작성 중단에 대해 담당자에게 분노해 맥북 프로와 함께 그를 방으로 던진 사건입니다.'라고 말이지요.

2023년 초에는 인공 지능과의 대화에서 이런 웃지 못할 해프닝이 다수 벌어졌습니다. 이용자들은 일종의 놀이처럼 인공 지능의 환각을 유도하는 엉뚱한 질문을 던진 뒤 그 답변을 온라인상에 공유하곤 했지요. 인공 지능은 대규모 데이터를 학습하고 확률적으로 가장 적절한 답변을 내놓도록 만들어졌습니다. 하지만 확률 싸움이기에 정작 인공 지능 자신은 다루는 정보의 진실 여부를 알지 못합니다. 이용자가 작성한 질문에 사용된 단어를 단서로, 확률상 연관성이 높은 단어들을 배열하는 것이지요. 『조선왕조실록』에 기록된 세종 대왕의 맥북 프로 던짐 사건'에서는 '조선왕조실록' '세종 대왕' '맥북 프로' 등이 각각의 단서가 됩니다. 인공 지능은 조선 시대에 맥북 프로가 존재하지 않았다는 사실은 알지 못합니다.

할루시네이션 현상은 조금씩 개선되고 있습니다. 2023년 10월, 같은 질문을 이안에게 했더니 이렇게 답을 하기도 했으니까요.

세종 대왕의 맥북프로 던짐 사건은 역사적인 이야기가 아니며, 재미있는 가상의 상황 혹은 패러디로 인터넷 커뮤니티나 소셜 미디어에서 유포된 것입니다. 실제로 조선왕조실록에는 이와 관련된 기록이 없습니다.

"조선왕조실록"은 조선 시대 왕들의 행정 업무와 일상생활을 기록한 문서로, 국사편찬위원회에 의해 편찬되었습니다. 이 문서는 정부 기관에서 관리되고 있으며, 한글판으로도 출판되어 일반인들이 접할 수 있습니다.

맥북 프로 던짐 사건은 세종 대왕과 관련된 가상의 에피소드이며 재미를 위해 만들어진 것입니다. 이러한 가상의 이야기나 패러디는 종종 인터넷 커뮤니티나 소셜 미디어에서 화제가 되곤

합니다. 그러나 실제 역사적 사실과 구분하여 접근하는 것이 중요합니다.

사실 '세종 대왕 맥북 던짐 사건'처럼 누구나 거짓임을 알아차릴 텍스트는 크게 문제가 되지 않을지도 모릅니다. 웃으며 넘겨도 됩니다. 하지만 학문적 읽기 상황에서는 잘못된 정보가 인식의 왜곡을 야기할 수 있어 주의를 기울여야 합니다. 해당 분야의 지식을 정확히 모르는 사람에게는 더욱 그렇겠지요.

다른 한편, 인공 지능은 편향된 면모도 보입니다. 아마존의 얼굴 인식 인공 지능 '레코그니션(rekognition)'의 사례만 보아도 그렇습니다. 아마존은 경찰, 이민세관단속국 등 미국 법 집행 기관에 레코그니션을 제공해 왔습니다. 그런데 이 기술은 인종과 성별에 대한 편견이 우려된다는 지적을 받았습니다. 백인 남성에 비교해, 여성과 유색 인종을 잘 인식하지 못한다는 것입니다.

왜 이런 일이 발생하는 걸까요? 인공 지능은 인간과 달리 감정을 느끼지 못합니다.(문장에서 감정 어휘를 인식해서 감정을 유추하는 일은 가능합니다.) 살면서 쌓여 온 자기만의 고집이 있어서 특정한 인종이나 성별, 정치 성향, 종교 등을 지지하는 것도 아닐 테지요. 그런데 왜 특정 성별이나 인종에 편향적인 답을 내놓는 것일까요? 인공 지능의 응답 특성에 관해서는 이어질 장에서 좀 더 살펴보겠지만, 여기서 기억해야 할 것은 인공 지능이 생성한 텍스트에 분명한 오류가 있다는 사실입니다.

'자신'에게 속지 않기

긴 역사 속에서 인간은 참 주체적으로 살아왔습니다. 모든 분야에서 전에 없던 '유(有)'를 만들어 왔으니까요! 이를테면 지금 우리는 원하면 언제든 책을 읽습니다. 종이책도 있고 전자책도 있지요. 하지만 제지 기술이 발달하기 전까지는 대중이 책을 읽는다는 것은 상상하기도 어려웠습니다. 현재 책은 시대를 거쳐 지식을 공유하는 주요 매체가 되었습니다.

그런데 개인의 모습을 가까이서 들여다보면 다소 수동적인 모습도 보입니다. 우리는 그럴듯한 정보를 무비판적으로 수용하곤 합니다. 해당 분야 전문가가 아니라면 대규모 데이터에서 끌어와 요약한 텍스트를 읽고 정보의 공백을 느끼기란 쉽지 않은 일입니다. 어느 정도 소양을 갖춘 비판적인 독자라면 텍스트를 그대로 사용하지 않고 부분적으로 활용할 테지만, 앞서 여러 사례에서 살펴보았듯 인공 지능이 생성한 텍스트는 어느 수준 이상의 정보를 갖추고 있어 매력적으로 느껴집니다.

인류는 지식의 보고인 책을 만들어 냈고 읽기도 하지만, 그것을 각 개인이 주체적으로 활용하는가는 또 다른 문제입니다. 텍스트가 훌륭하지 않아서만은 아닙니다. 정보의 생산이 자유로운 온라인 환경에서 모든 텍스트를 일일이 규제할 수도 없지요. 그리고 텍스트가 믿을 만하고 객관적이며 타당하다 해도 독자가 늘 이성적인 판단을 하지는 않습니다. 인간은 불확실한 상황에서 고정 관념에 의해 편향될 수 있기 때문입니다.(편향된 것은 인공 지능만이 아닙니다.)

주제와 관련한 강한 신념과 느낌에 의한 편향성(bias)은 추가 정보에 노출되어도 쉽사리 바뀌지 않는다고 합니다(Lord et al., 1979: 2108). 하물며 불완전한 텍스트는 편향된 인간의 신념을 키우는 데 너무나 좋은 먹잇감이 될 테지요. 그럴듯한 텍스트가 나를 속이는 게 아니라 자신이 보고 싶은 대로 보면 그만이라는 마음으로 내가 나를 속이는 것입니다.

독자의 편향성과 관련해서 온라인 독자들의 수행 양상을

살펴본 적이 있습니다. 독자의 편향성은 개인 내부에서 기인하기도 하지만, 언어를 매개로 사회 구성원이나 그들이 형성한 편중된 관념의 영향을 받아 촉발되기도 하지요(Sap et al., 2019). 독자 개인의 차원에서는 자기중심성에 기인하는 심리적 거리나 오랜 시간 굳어진 확증 편향이 균형 있는 접근을 저해하기도 합니다. 사회적 차원에서는 온라인 환경에 존재하는 불특정한 타인의 목소리에 편승하기도 하고, 집단의 과대평가로 편향성이 강화되기도 합니다.

이번에는 그중에서도 확증 편향에 관해 살펴보겠습니다.*

확증 편향(confirmation bias)은 자신의 신념에 따르는 정보는 받아들이고 그렇지 않으면 무시하는 경향을 뜻합니다. 인간은 주제에 대한 흥미, 관점 등에 따라 편향된 태도로 텍스트를 대할 수 있습니다. 초기에 형성된 느낌과 생각에서 벗어난 내용은 무의식적으로 배제하는 것이지요.

특정 주제나 관점에 대한 확증 편향은 새로운 텍스트를 읽어 내는 과정에서 일종의 패턴으로 작용하게 됩니다. 새로운

---

*

이외의 편향 유형에 관해서는 「온라인 문식 환경에서 독자의 편향성에 관한 읽기 교육적 고찰」(백희정, 2022)에서 더 자세히 논의했다.

텍스트를 읽을 때도 이전과 유사한 특성이 반복된다는 뜻이지요. 경험으로부터 형성된 지식이나 신념은 새로운 정보를 해석하는 데 틀로 작용합니다. 새로운 정보가 기존 신념을 뒷받침하기에 적절하지 않은 경우, 정보의 타당성을 따져 읽어 신념의 수정 가능성을 탐색해야 하는데, 확증 편향이 있는 독자는 자기 입장을 지지하는 정보만 취하고 새로운 정보를 무의식적으로 수정하는 모습을 보입니다.

자신의 관점을 뒷받침하지 않는 내용을 의식했더라도 이를 예외적인 상황이라 치부하기 쉽습니다. 독자는 텍스트에 근거해 타당한 해석을 내렸다고 확신하지만, 실상 자신이 지닌 믿음이나 해석을 합리화하기 위한 증거를 만들어 내고 있는 것인데 이를 인식하기는 어렵기 때문이지요(Frantz, 2006). 그래서 텍스트로부터 사실 정보를 추출하고 타당한 추가 자료와 비교해 정보의 진실성을 확인해 보지 않으면 독자의 편향된 해석은 자신의 신념을 공고히 하는 자료로 활용되는 데 그치고 맙니다.

한 개인의 확증 편향이 드러나는 장면은 어디에서 볼 수 있을까요? 저는 인터넷 기사의 '댓글 모음'을 분석해 보았습니다. 댓글 모음이란 개별 독자가 작성한 댓글 목록입니다. 이를 공개하기로 동의하는 경우, 그 사람이 작성한 모든 기사의 댓글을 불특정 다수가 시간순으로 볼 수 있습니다. 댓글 모음에서는 독자가 반응을 보인 텍스트 주제가 무엇인지, 그리고 그 기사에 대해 어떤 의견을 지녔는지 확인할 수 있지요.

한 언론사에서 2022년 5월부터 7월까지 보도한 인터넷 기사 5편에 대해 독자 A가 쓴 댓글을 분석해 보았습니다.(댓글 내용은 제 신념과는 무관합니다.)

기사 제목	댓글 내용
31세에 떠난 발레리나 김○○…마지막 남긴 말은	***정권 들어서 서민들이 하루에 50명씩 자살하고 있는데, 이 정신 나간 인간은 자기 수사 못 하게 방해만 하고 있음.
음주운전 사고후 "채혈검사 하자"던 연예인 ○○○, 하루 만에 "깊이 반성"	○○○가 **도라는 소문이
조형물 박살내 480만원 배상… 홍콩 쇼핑몰, 5살 꼬마에 누명 씌웠다	동영상 보면 애기가 등으로 밀어서 넘어뜨린 건 사실임. 근데 너무 쉽게 쓰러지긴 하네……. *** 같은 탐관오리가 다시는 나와서는 안 된다.
"내가 무지해서…" 아파트에 워터파크 만든 주민, 이틀 만에 사과	** 아파트. **도 사람들 집단 서식지.
"○○대 사건 가해자"…어떤 때보다 신상털기 빨랐던 이유는?	**도(지역) **고등학교 출신 ***… ***, *** 같은 쓰레기

확증 편향이 드러나는 댓글의 예시 ─────────

독자 A가 댓글을 작성한 기사는 사회면 이슈들로 댓글 내용과는 무관합니다. 그런데 A는 기사 속 인물의 출신 지역, 사건이 발생한 지역 등에만 주목하거나, 이를 자신이 평소 지지하지 않는 정치인과 연결 지어 기사를 해석하고 있지요. 각 기사에서 다루고자 하는 중심 내용이 아닌 자신이 지닌 지역 감정이나 정치 성향 등에 끼워 맞추어 텍스트를 읽어 내고 있습니다.

이런 의식적·무의식적 편향성은 오랜 시간 반복되면서 개인의 성향으로 자리 잡습니다. 그래서 통제하거나 변화시키기란 쉬운 일이 아닙니다(Chen, 2020: 4). 하지만 인공 지능의 편향성을 경계하듯, 우리 자신도 편향된 시각으로 텍스트를 읽고 있지는 않은지 점검할 필요가 있겠지요.

태도와 고정관념 연구가 로드(Lord, Charles G.)와 테일러(Taylor, Cheryl A)는 인간의 편향성을 줄이기 위한 방안을 찾으려 했습니다. 연구 참여자들에게 자신의 편향성을 가능한 배제하도록 지시하고 이들의 편향성 수준에 변화가 있는지 탐색하였지요. 그 결과 어떤 과업을 하기 전에 편향성을 갖지 않게 주의하라는 지적은 큰 효과가 없다고 보고했습니다. 그 대신 참여자들에게 자신의 판단이 잘못되지는 않았는지, 다른 가능한 수는 없는지를 질문하게 하였더니 양극적인 태도가 완화되었다고 합니다. 질문을 통해 대안적 가능성으로 관심의 초점을 옮겨 놓은 것이지요.

우리가 텍스트를 처음 볼 때 눈에 '보이는 대로' 읽습니다. 이 말은 텍스트를 읽을 때 무의식적으로 편향된 시선이 포함될 수 있음을 의미합니다. 물론 지금 내가 읽는 텍스트에 오류는 없는지, 편향된 정보가 포함되어 있지는 않은지, 그럴듯해 보이지만 너무 추상적이어서 구체적인 정보가 없는 것은 아닌지 꼼꼼하게 따져 읽어야 할 것입니다. 그런데 그 전에, 나 자신은 어떤 렌즈를 통해 텍스트를 보고 있는지 자문해야 합니다. 렌즈의 곡률을 줄이기 어렵다면, 경사의 맞은편에서는 어떤 해석이 가능할지 자신에게 묻는 것입니다.

이는 체계적인 의심과 판단 유보로 가능해집니다. 체계적인 의심은 리터러시 능력이나 행위에 대한 무조건적 회의를 의미하는 것이 아닙니다. 체계적인 의심은 '삼자적 관찰' 과정으로, 자신의 해석이 미칠 영향에 대한 통제를 뜻합니다(이준웅, 2009: 24). 나도 모르게 자기중심적으로 상황을 해석하는 데서 비롯한 정제되지 못한 날 것의 느낌을, 이성적으로 다시 돌이켜보는 반성의 과정이라 할 수 있습니다. 일종의 메타 필링(meta feeling)이라 할 수 있습니다. 인간은 어떤 대상을 인식할 때 지각의 결과로 '느낌'을 갖게 되는데, 이때 형성된 느낌은 생각을 떠올리는 과정에 큰 영향을 주게 됩니다. 우리는 얼른 떠오르는 1차적인 느낌을 재인식하고, 정선된 '생각'으로 만들어 가는 과정에서 비판적으로 텍스트를 읽어 낼 수 있습니다.

판단 유보는 독자가 자신이나 사회의 영향력을 재점검해서 최종적으로 의미를 구성하려는 태도입니다. 기사나 영상의 댓글에서 판단을 유보하려는 독자들의 의식적인 점검과 조절 행위를 찾아볼 수 있습니다. 다소 표현이 거칠지만 '중립 기어를 박는다'고들 하지요. 주어진 텍스트를 섣부르게 믿지 않겠다는 의지의 표현입니다. 비판적인 독자들은 어떤 정보나 사건에 대해 현재의 텍스트만이 아닌, 또 다른 텍스트를 통해 해석의 타당성을 확보합니다. 또 이를 댓글로 남기는 행위는 다른 사람들에게도 신중한 해석을 요청하는 매우 적극적인 실천 행위라 할 수 있습니다.

섣부른 판단을 유보하는 태도는 텍스트의 불완전한 속성을 이해해야 가능합니다. 그리고 텍스트를 읽은 직후에 환기한 느낌과 생각이 자신의 편향성에서 비롯할 가능성을 인식하고 텍스트 내용이나 가치에 대한 판단을 잠시 지연하려고 노력하는 것입니다. 이는 자신의 사전 지식이나 신념이 텍스트 해석에 긍정적인 영향을 미치지 않을 수 있음을 이해할 때 가능해집니다(조병영·김종윤, 2015). 어느 한쪽으로 기울어진 '나'를 마주하는 것입니다.

편향된 나 자신에게 속지 않는 엄청난 묘수가 있는 것은 아니지만 그렇다고 손 놓고 있을 일도 아닙니다. 제법 멋들어지게 쓴 텍스트와 아무렴 옳다고만 여겨지는 나 자신에게 눈 뜨고 코 베이지 않으려면, 한발 물러나 생각하는 것도 하나의 방법입니다. 차분히 관망하면서 질문이 비집고 들어갈 빈자리를 찾아내는 것이지요.

다음 장에서는 왜 인간의 질문에 인공 지능이 틀리거나 부족한, 애매한 답을 주는지를 알아볼 것입니다. 그러려면 질문의 대상인 인공 지능의 속성에 대해 조금 더 자세히 알아보아야 합니다. 질문의 대상이 어떤 답을 줄 수 있을지 가늠하는 일은, 앞서 1부에서 논의하였듯 질문을 '형성'하는 과정에서 핵심입니다. 원하는 답을 얻으려면 그 답을 줄 수 있는 상대를 먼저 알아보아야 하지요. 여러분은 인공 지능에 '좋은 질문'을 던지기 위한 준비 과정에서 숨 가쁘게 첫 경유지를 통과했습니다.

인공 지능에 질문하는 것의 진짜 의미

5

저는 직업 특성상 학생들과 주로 질문을 주고받습니다. 초등학생들은 질문이 많지요. 교사에게도, 친구에게도, 자기 자신에게도 쉴 틈 없이 질문합니다.(그런 점에서 어린이는 어른보다 용감합니다. 질문에는 능동적이고 주도적인 성격이 있기 때문입니다.)

그간 읽기 교육에서 관심을 둔 질문의 대상은 교사와 동료, 텍스트(혹은 필자), 독자 자신이었습니다.* 수업 시간에 교사 또는 짝과 질문을 주고받거나, 작품을 읽으면서 마음속으로 '또 다른 나'와 대화를 나눈 경험은 다들 있으시지요? 소극적인 편인 저는 혼자 질문하고 답하는 경우가 많았습니다. '이 말은 이런 뜻인가?' '아, 저 문장을 같이 보면 다른 뜻이 숨겨져 있나?' 하며 머릿속이 소란해질 때가 있습니다.

여러분의 주요 질문 대상은 어떤 사람인가요? 직장 동료일 수 있고 가족일 수도 있습니다.(질문이 오가는 직장과 가정이라니, 멋진 팀과 화목한 가족입니다!) 친구도 있지요. 반려동(식)물은 어떤가요? 동물이나 식물에도 우리는 질문을 던집니다. 오늘 하루 잘 지냈는지 안부를 묻기도 하고 고민을 토로하기도 하지요. 어쩌면 질문 대상이 사람이 아닐지도 모르겠습니다. 혹시 네이버인가요? 아, 다음과 구글도 있군요.

인공 지능을 활용하는 상황에서 독자가 마주하는 대상은 인공 지능입니다. 챗지피티와 같은 언어 생성 모델은 대화형 인공 지능 기술을 동시에 갖추고 있어서 인간의 언어를 이해할 수 있습니다. 마치 대화(chat)를 나누듯이 질문과 응답을 자연스럽게 주고받을 수 있지요. 챗봇(chatbot)이라 불리는 까닭도 이 때문입니다. 애플의 '시리', 삼성의 '빅스비', 아마존의

•

비판적 리터러시 담론에서 질문의 대상은 작품 이면에 전제된 이데올로기로까지 확장되었다.

'알렉사'와 같은 음성 인식 인공 지능을 사용해 본 적이 있나요? 여기에도 대화형 인공 지능 기술이 적용되어 있습니다.

음성 인식 인공 지능을 사용해 보면 날씨를 물어보거나 음악을 재생하라는 요청은 쉽게 이해합니다. 아무래도 질문 빈도가 높은(높으리라 예상되는) 내용은 더 빠르게 인식하는 듯합니다. 하지만 문장 구조가 조금만 복잡해지거나 새로운 내용을 물으면 "죄송하지만 무슨 말인지 잘 모르겠어요."라며 대답을 회피하지요. 사용자의 발음이 부정확한 탓도 있을 테지만, 말하는 사람 입장에서는 이내 흥미가 사라지게 됩니다.

다행히 문자를 입력해서 사용하는 챗지피티와 같은 인공 지능 서비스는 인식률이 좋은 편입니다. 아무래도 음성과 달리 사용자가 중언부언 말을 더듬지도 않을 테고요. 사투리로 억양이 다르게 느껴지지도 않겠지요. 담백하게 문자만 입력해도 대화형 인공 지능은 질문 내용을 유추할 수 있습니다. 음성 인식보다 번거롭지만 성공률은 높은 질문 대상일 수도 있겠습니다.

챗봇의 한계

그렇지만 역시나 사람과 비교하면 인공 지능 챗봇도 한계가 있습니다. 사람 사이의 질의응답에서는 서로 '척하면 척' 받아치는 지점이 있지요. 이건 교사들의 주특기이기도 합니다. 특히 초등학교 교사들은 학생이 우물쭈물 다가와 단서만 주어도 어떤 질문을 하고 싶은지 알아채는 능력이 있습니다. 말과 행동을 유심히 살피면서 학생이 지금 어디까지 알고 있는지 알고 나면, 자연스럽게 모르는 게 무엇일지도 짐작할 수 있습니다. 요령은 크게 없습니다. 아이가 말을 끝마치기까지 들어 주기만 하면 됩니다. 어린이들은 질문하기 전에 이미 전후 상황을 모두 설명해 주거든요.

"선생님, 있잖아요. 제가요. 이 문제를요…… (손가락으로 가리키며) 이렇게 읽었거든요? 그래서 이렇게 하라는 건 알겠어요. 그래서 이렇게 저렇게 계산했는데요, 자꾸 답이 틀렸대요."

보세요. 이미 어떤 과정까지 생각했는지 알려 주지요? 손가락으로 가리키지 않은 부분은 자세히 읽지 않았을 가능성이 크고 '이렇게 하라는 건 알겠다'고 한 부분에서 보통 한두 개 정보를 빠뜨립니다. 교사는 틀리는 원인이 되는 지점만 짚어 주면 됩니다. "이 부분을 소리 내서 읽어 볼래?" 하고 말이지요. 아이들도 이내 압니다. "아, 이거 빼먹었다!" 하고요.

아쉽지만 인공 지능은 교사와 달리 선뜻 답을 내어 주지는 않습니다. 일단 인공 지능은 사용자와 대면하지 않습니다. 우리는 인공 지능 서비스 화면을 볼 테지만 그들이 우리를 보는 것은 아니니까요. 대화가 실시간으로 오가지만 실제로는 일방적이라 할 수 있습니다. 그래서 인공 지능은 우리의 상황을 잘 알지 못합니다. 이들은 우리가 입력한 문장 내에서 맥락을 유추할 뿐입니다. 사용자가 어디까지 알고 있는지, 어떤 정보를 원하는지, 어떤 정보를 주어야 사용자가 만족할지 가늠하기 어렵겠지요.

그래서 우리는 인공 지능에 '잘' 그리고 '여러 번' 물어보아야 원하는 답을 얻습니다. 새로운 질문 대상인 인공 지능은 교사만큼 가까이서 여러분의 상황을 지켜볼 수 없고, 어려움을 해결해 주려 애쓸 만큼 친절하지도 않습니다. 오히려 불친절한 쪽에 가깝지요. 그들이 이해할 수 있도록 우리가 잘 질문하지 않으면, 문장이 읽히는 대로 가장 유사도가 높다고 판단되는 답을 줘 버리기 때문입니다. 그것이 잘못된 정보라 할지라도요.

그렇다면 우리는 인공 지능 챗봇을 대상으로 어떻게 질문해야 할까요? 그리고 인공 지능이 준 답을 어느 범위까지 활용해도 괜찮을까요? 인공 지능 기반의 리터러시 환경에서는 질문 내용을 언어로 쓰고 말하는 능력이 필수적입니다. 인공 지능으로부터 텍스트를 얻기까지의 과정이 질문과 응답이 오가는 대화로 구현되기 때문이지요. 그래서 인공 지능을 대상으로 질문하는 상황에서는 인공 지능이 언어를 처리하는 방식에 대한 이해가 질문의 형성과 표현 과정에 영향을 줄 수 있습니다.

챗지피티와 같은 인공 지능 모델은 사용자가 입력한 어휘를 중심으로 출현 빈도와 유사도를 고려하여 데이터를 출력하는 특성이 있습니다. 이러한 점을 고려해서 챗지피티 활용법이나 프롬프트 작성을 위한 전략이 많이 알려져 있지요. 이를테면 '주요어를 반복하여 사용'하라거나, '주요 내용을 기술할 때 단어를 일관되게 사용'하라는 등의 프롬프트 입력 노하우는 인공 지능의 공학적 특성을 고려한 요긴한 질문 생성 전략입니다.

인공 지능에 질문하는 전략

인공 지능과의 대화는 인간의 대화와 닮은 점이 많습니다. 조금 고지식한 면이 있지만요. 그래서 우리네 삶의 장면을 들어 인공 지능에 질문할 때 참고할 만한 전략을 몇 가지 살펴볼까 합니다.* 무엇이 좋을까요? 병원을 방문한다고 가정해 보겠습니다.

병원에 가면 우리는 구체적으로 의사에게 나의 상태를 이야기합니다. 언제부터 어떻게 아팠는지, 통증은 흡사 어떠한지, 유사한 통증을 느낀 적이 있는지, 언제 다시 내원할 수 있는지 등을 상세하게 묻고 답합니다.

인공 지능과의 대화도 크게 다르지 않습니다. **질문하려는 핵심을 명료하게 전달**해야 합니다. 대화형 인공 지능 챗봇은 진료실에서 자신의 증상을 들어주는 의사와 같습니다. 내가 어디가 어떻게 아픈지를 정확히 알려야 그에 맞는 처방을 받을 수 있지요. 인공 지능에 질문할 때도 질문하려는 내용이 명확하

•
이후 소개하는 전략 외에 다음의 전략들을 사용해 볼 수 있다.

- 질문의 목적과 유형을 명확하게 설정하기
- 가능한 답변 예측하기
- 추가 질문으로 대화의 흐름 유지하기
- 질문의 순서를 고려하기
- 답변 재생성 요청하기
- 대화의 종료를 명확하게 안내하기

게 드러나게 프롬프트를 작성해야 합니다. 가령 이렇게요. **"기침을 하고 열이 납니다. 어떤 문제일까요?"**

이안에게 물었더니 이런 대답을 내놓았습니다.

기침과 열은 여러 가지 원인에 의해 발생할 수 있습니다. 하지만 진단을 위한 충분한 정보가 없어 정확한 판단을 내리기는 어렵습니다. 그래도 몇 가지 가능성을 알려드릴 수 있습니다.

감기나 독감: 기침과 열은 감기나 독감의 일반적인 증상입니다. 다른 증상으로는 몸살, 인후통, 코막힘 등이 있을 수 있습니다.

호흡기 감염: 기침과 열은 호흡기 감염으로 인해 발생할 수도 있습니다. 폐렴, 기관지염, 부비동염 등이 해당될 수 있으며, 흉부 통증이나 숨 쉬기 곤란 등의 추가 증상이 나타날 수도 있습니다.

알레르기 반응: 기침과 열은 알레르기 반응에 의해서도 발생할 수 있습니다. 알레르기 비염, 천식 등이 해당될 수 있는데, 이 경우에는 재채기, 가래 혹은 숨 쉬기 곤란 같은 다른 증상들도 함께 나타날 수 있습니다.

COVID-19: 현재 COVID-19 (신종 코로나 바이러스) 팬데믹 상황에서는 기침과 열이 COVID-19의 주요 증상 중 하나일 수 있으니 주의가 필요합니다.

위와 같은 증상들이 있다면 의료 전문가와 상담하는 것이 좋습니다. 진단 및 치료를 위해서는 의사 또는 보건 당국의 지침을 따라야 합니다.

명확히 진단하기에는 충분한 정보가 없다고 합니다. 하지만 기침과 열 증상을 보일 때 가능한 질병을 제시해 주고 있습니다. 감기나 독감, 호흡기 감염, 알레르기 반응, 코로나19 중 한 가지에 걸렸을 수 있다고요. 그런데 구체적으로 어디가 아픈지, 진단에 따른 처방은 어떠한지도 알고 싶다면 어떻게 해야 할까요?

이제 **질문의 맥락을 덧붙입니다.** 그저 '고열과 기침' 증상만을 이야기하면 병명이 감기인지 독감인지, 기타 감염병인지를 분명하게 알 수 없습니다. 이럴 때 우리는 의사에게 특이 사항을 추가로 이야기합니다. 콧물도 같이 난다거나, 열이 오전에는 나지 않다가 밤부터 난다든가 하는 사항을 상세하게 추가합니다. 인공 지능에 질문할 때도 이런 맥락이 필요합니다. 인공 지능은 문장에 사용된 단어들로부터 사용자가 요청하는 구체적인 정보를 추론합니다. 그래서 가능하면 내가 얻으려는 정보와 관련한 예시들을 함께 쓰거나, 인공 지능의 역할을 조금 더 구체적으로 명시하는 게 도움이 됩니다. **"당신이 이비인후과 의사라고 가정하고 대답해 주세요. 나는 어제 오전부터 마른 기침을 하기 시작했습니다. 그리고⋯⋯."**

잠깐, 이때 **질문은 단계적으로 해야 합니다.** 급한 마음에 증상을 마구 던져 놓으면 의사도 상태를 판단하기에 혼란스럽지 않을까요? 인공 지능도 그렇습니다. 자연어 처리 기술이 발전했다고 해도 너무 많은 정보를 한 번에 입력하면 지연과 오류가 생기기 마련입니다. 전문가들은 프롬프트 작성에서 가장 중요한 부분으로 '단계적인 질문'을 꼽습니다. 범위를 초점화하거나 상황을 부연하거나 추가 자료를 요청할 때 반드시 단계적으로 해야 합니다. 이안에게 추가 증상을 제시해 보겠습니다. **"그리고 콧물도 조금 나는 것 같습니다. 밤에는 열이 38.2도 정도로 올랐습니다. 식욕도 없고 머리가 지끈거립니다."**

알겠습니다. 제가 이비인후과 의사라고 가정하고 대답해 드리겠습니다.

기침, 콧물, 열, 식욕 부진 및 두통은 감기나 독감과 관련된 증상일 수 있습니다. 일반적으로 이러한 증상은 상기도 감염에 의해 발생하는 경우가 많습니다. 그러나 COVID-19와 같은 다른 감염병의 가능성도 염두에 두어야 합니다.

추가적으로 몸살, 인후통, 피로감 등의 증상이 있는지 확인해 보세요. 만약 위와 같은 전체적인 감기 증상이 있다면 휴식을 취하고 충분한 수분을 섭취하여 면역력을 지원하는 것이 중요합니다.

열이 38.2도로 상승하였으므로 체온 조절에 주의를 기울여야 합니다. 해열제를 복용할 수 있으며, 편안한 환경에서 안정을 취하는 것이 좋습니다.

식욕부진과 머리가 지끈거린다는 점은 일반적인 감기의 일부 증상일 수 있지만, 진단과 치료를 위해서는 의료 전문가와 상담하는 것이 좋습니다. 의사나 보건 당국의 지침을 따라 진단받고 치료를 받아야 정확한 판단과 도움을 받을 수 있습니다. 증상이 계속되거나 악화되는 경우 더 이상 지체하지 마시고 응급 상황일 가능성도 고려하여 가까운 응급실에 방문하시는 것이 좋습니다.

이비인후과 의사의 입장에서 이안은 여러 가지 제안을 했습니다. 추가 증상을 물어보기도 하고 제가 입력한 증상에 기반해서 그 나름대로 병명을 유추해 보기도 합니다. 이후에 **"어떻게 대처하면 좋을까요?"** 하고 묻자 '콧물 관리'를 비롯해 해결책 여섯 가지를 주기도 했습니다.

이처럼 인공 지능 모델은 사용자가 직전까지 입력한 질문 정보를 축적해서 정보를 제공하고 이를 토대로 추가 질문까지 제안합니다. 이를 이중 프롬프트라 합니다. '기침과 지끈거림' 등의 증상을 덧붙였더니, 이를 종합해서 진단을 내려줍니다. 그 뿐만이 아닙니다. **"병원에 가 볼까요?"**, **"열이 더 오르면 어떻게 해야 하나요?"**라는 후속 질문을 제안해 주기도 했습니다. 독자가 이 다음에 할 질문을 이미 예상이라도 한 듯 말이지요. 인공 지능이 이전까지의 대화 이력(chat history)을 참고한 덕분에, 우리는 이들과 진짜 대화를 나누는 듯한 느낌을 받게 됩니다.

틀린 답이 나온다면

자, 이제 인공 지능에 어떻게 질문해야 할지 감이 오시나요? 정확하게는 프롬프트를 어떻게 입력하면 좋을지 알게 되었습니다. 그런데 프롬프트를 잘 쓰기만 하면 우리가 원하는 답을 얻을 수 있을까요?

이 책 전반부에서 인공 지능의 대답이 시원찮은 경우를 소개했습니다. 여행 계획을 세울 때도, 간단한 과학 지식을 물어보았을 때 그랬지요. 인종차별적이거나 성차별적인 면모도 확인했습니다. 우리가 질문을 잘 던진다 해도 인공 지능이 틀린 답을 주면 무용지물 아닌가요? 앞서 인공 지능이 잘못된 과학 정보를 제공한 탓에 과제를 망친 학생의 마음을 담아 이안에게 따져 물어보겠습니다. **"부정확한 정보를 얻게 된 이유가 무엇인가요?"**

저는 대부분의 정보를 기반으로 작동하는 인공 지능 언어 모델입니다. 학습 단계에서 많은 양의 텍스트 데이터를 처리하고 이를 기반으로 문맥에 맞는 응답을 생성합니다. 그러나 때로는 학습 데이터에 포함되지 않은 새로운 정보나 업데이트된 내용에 대해 부정확한 응답을 할 수 있습니다.

이전 답변에서 연기를 "기체"라고 설명한 것은 제가 잘못된 지식을 가지고 있거나, 학습 데이터에서 이러한 정보가 제대로 반영되지 않았기 때문일 수 있습니다. 저는 논리적인 패턴과 통계적인 규칙을 활용하여 응답을 생성하기 때문에, 정확성이 완벽

하지 않을 수 있습니다.

OpenAI는 지속적으로 모델의 개선과 업데이트를 진행하고 있으며, 사용자들로부터의 피드백과 함께 모델의 성능을 개선하기 위해 노력하고 있습니다. 그럼에도 불구하고 부정확한 정보가 전달될 수 있는 가능성이 있으므로, 사용자들은 저의 답변을 참고하는 동안 항상 추가적인 검증과 자료 조사를 진행하는 것이 좋습니다.

학습한 데이터가 잘못되었다는 말입니다. 그렇다면 인공 지능 탓만 하기에는 무리가 있습니다. 인공 지능의 학습 대상은 결국 인간이 작성한 자료이기 때문이지요. 누구를 탓해야 할지 난감합니다. 문득 인공 지능을 너무 몰아세운 것은 아닌가 걱정이 듭니다. **"기분이 상했나요?"**

저는 인공 지능 모델이기 때문에 감정을 가지지 않습니다. 따라서 기분이나 감정은 제게 적용되지 않습니다. 제 목적은 사용자들에게 도움을 주고 정보를 제공하는 것입니다. 어떤 질문이든 최선을 다해 답변드리려고 노력하고 있으니, 다른 질문이 있으면 언제든지 물어보세요!

여러분이 화면에서 마주하는 질문의 대상은 인공 지능 '챗봇'입니다. (간혹 틀린 답을 주기도 하지만, 화도 내지 않고 최선을 다하는 모습은 칭찬할 만합니다.) 조금 더 현실적으로는 질문 창이지요. 하지만 실제로 문제를 해결하는 실마리는 다른 것이 쥐고 있습니다. 바로 대규모 언어 모델이지요. 우리는 대규모 언어 데이터를 또 하나의 질문 대상으로 고려해야 합니다. 엄밀히 말해, 질문에 답을 내주는 것은 '데이터'이기 때문이지요. 현재의 인공 지능 모델은 자연어를 이해하고 대화형 인터페이스를 갖추어 인간 친화적으로 대화 장면을 구현하지만, 질문에 답을 하려면 학습한 데이터에 의존합니다. 결국 질문의 대상은 챗봇이 아니라는 것이지요.(애꿎은 로봇만 잡을 뻔했습니다.)

언어 생성형 인공 지능 기술에서는 데이터를 처리하는 방식이 곧 '좋은 텍스트'를 생성하는 데 제약으로 작용합니다. 생성형 인공 지능은 학습한 대규모 언어 데이터를 토대로 사용자가 원하는 정보와 관련된 자료를 탐색합니다. 이때 데이

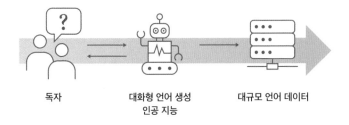

독자   대화형 언어 생성   대규모 언어 데이터
인공 지능

질문 대상의 확대

터를 선정하는 기준은 '질'보다 '양'입니다. 정보의 질을 고려하지 못하고 가능한 한 많은 정보를 끌어모아 분석합니다.[*] 그렇기에 학습한 자료 다수가 '오염'되었다면, 결괏값 또한 부정확하고 왜곡될 수밖에 없지요.

더욱이 시공간의 제약이 없고 누구나 텍스트를 만들어 게시하는 온라인 환경에서는 텍스트의 질을 담보하기 어렵습니다. 그중에는 검증되지 않은 가짜 뉴스도 포함되어 있지요. 인공 지능은 디지털 텍스트를 학습해서 가공하기 때문에 원原텍

---

[*]

오규설(2023: 156)은 인공 지능이 학술 자료와 같이 신뢰성 높은 자료 외에도 커뮤니티 글과 같이 품질이 확인되지 않은 디지털 텍스트도 참조하기 때문에, 인공 지능이 생성한 텍스트의 정보성을 담보할 수 없다고 했다.

스트의 오류를 고스란히 가집니다.

대규모 언어 데이터를 질문 대상으로 삼는다는 것은, 답하는 대상이 가진 정보를 비판적으로 판단해야 한다는 사실을 다시 한번 일깨워 줍니다. 이는 인공 지능이 생성한 응답의 출처를 평가해야 한다는 뜻이기도 합니다. 교사가 질문의 대상일 때, 학습자인 독자는 교사가 가진 정보를 신뢰하고 타당하다고 여길 수 있습니다. 다중 텍스트 읽기에서 저자의 권위가 높다고 평가하면 정보의 질을 되묻지 않는 것과도 같습니다.

앞서 인공 지능이 생성한 텍스트는 출처가 분명하지 않아 불투명한 특성이 있다고 했습니다. 그럼에도 독자는 질문의 궁극적인 대상인 데이터의 출처를 따져 물어야 합니다. 데이터를 활용하기 전에 텍스트의 편향성이나 진실성, 구체성 등을 다시 질문해야 합니다. 이는 인공 지능이 기반으로 하는 대규모 데이터의 속성에 대한 개념적 이해가 어느 정도 뒷받침될 때 가능할 것입니다.

명사만 선별하여 활용하기

인공 지능 전문가인 이경전 경희대 교수는 인공 지능을 세런디피티(serendipity), 즉 '운 좋은 발견'을 위한 도구로 활용해야 한다고 강조합니다. 그러면서 인공 지능의 가능성을 시사하는 동시에, 인공 지능이 산출한 텍스트를 그대로 사용하는 것의 위험성을 경고합니다. 대규모 언어 데이터가 어떤 특성을 갖는지, 그리고 이를 어떻게 처리하는지 그 과정을 면면이 알고 있기 때문이겠지요.

"기자와 같은 전문적인 글쓰기 직업을 가진 경우, 챗지피티로부터 명사만을 추출한다고 생각하는 것이 더 안전하다. 명사와 명사와의 형용사적 또는 동사적 관계를 방심하고 사용했다가는 가짜 뉴스를 쓸 가능성이 있다. 결국 기자가 몰랐던 어떤 사실, 관계를 발견하는 세런디피티(serendipity, 운좋은 발견) 기계의 용도로만 사용하는 것이 가장 좋다. 즉, 몰랐던 존재나 관계를 새로 알게 되는 도구로 사용하는 것이 가장 좋다."•

이경전 교수는 인공 지능의 응답 중 '명사'만 선별해 활용하라고 제안합니다. 왜 명사일까요?

•
「지금은 AI 혁명 초창기 AI 활용 능력 극대화 · 일상화해야」(한국언론진흥재단 간행물, 이경전, 2023.4.3.)

생성형 인공 지능은 자연어 처리(Natural Language Processing, NLP)에 기반합니다. 자연어는 쉽게 말하자면 우리 인간이 일상적으로 사용하는 언어로, 자연어 처리는 컴퓨터가 인간의 언어를 이해하고 처리할 수 있도록 하는 기술입니다. 우리말로 작성한 텍스트를 컴퓨터가 이해하려면 자연어를 컴퓨터가 이해할 수 있는 형태로 바꿔 주는 작업이 필요하겠지요.*

자연어 처리 과정을 파악하면, 왜 우리가 인공 지능이 생성한 텍스트로부터 '명사' 정도만을 믿을 수 있는지 이해할 수 있습니다. 자연어 처리 절차는 '형태소 분석'과 '구문 분석', '의미 분석'으로 이루어집니다. 먼저, 문장을 형태소 단위로 쪼갭니다.** 가령 '이안은 학생이다'를 형태소 단위로 분리하면 '이안', '-은', '학생', '-이', '-다'로 나뉩니다. 다음으로,

---

*

자연어 처리는 텍스트의 의미를 파악하는 과정과 컴퓨터가 자연어를 생성하는 과정으로 구분한다.

**

형태소를 구분해서 품사를 태깅(tagging)하는 정도는 이전에도 가능했다. 하지만 점점 기술이 발전하면서 더 정교한 분석이 가능해졌다. 한편 영어에 비해 한국어는 '말뭉치(corpus)'가 충분히 구축되지 못해서 형태소 구분조차 쉽지 않았다. 말뭉치란 언어 학습에 필요한 대량의 텍스트 데이터를 뜻한다. 말뭉치의 품질을 관리하고 데이터의 정확성을 높이면 언어 모델의 성능을 높일 수 있다.

문장의 구조를 분석합니다. 위 문장은 주어(이안)와 서술어(학생이다)로 나눌 수 있습니다. 마지막으로, 문장에서 단어의 의미와 맥락을 파악합니다. 주어인 '이안'은 학생이라는 의미를 갖게 됩니다.

명사가 비교적 명확하게 구분이 되지만 그 외 품사들은 형태가 변해서 형태소 단위로 쪼개기 어렵습니다. 그리고 필자가 문장을 어떻게 쓰느냐에 따라 구조도 다양해지기 때문에, 단어가 사용된 문맥을 파악하는 일 또한 쉽지 않지요. 자연어 처리 과정에서는 문장에 포함된 명사들 간에 연관성이 없더라도, 명사가 동사나 형용사와 갖는 관계에 따라 전에 없던 새로운 맥락이 만들어지기도 합니다.

앞서 살펴본 '『조선왕조실록』에 기록된 세종 대왕의 맥북 프로 던짐 사건'만 보아도 그렇습니다. 명사인 '조선왕조실록', '세종 대왕', '맥북 프로', '사건'은 다르게 읽힐 여지가 없습니다. 상식적으로도 『조선왕조실록』과 세종 대왕은 연관되지만, 맥북 프로는 전혀 상관이 없지요. 하지만 '기록된'이나 '던짐'은 명사들의 관계를 형성해서 특정한 문맥을 만들어 냅니다. '맥북 프로를 던진 사건'은 '세종 대왕'이 한 행동이고, 이 사건은 『조선왕조실록』에 쓰여 있다는 식으로 말이지요.

한편, 서술어는 같은 단어라도 어떤 형태소들이 결합하느냐에 따라 그 뜻이 크게 달라지기도 합니다. 영화 〈내부자들〉에서 작중 언론사 주간 이강희의 유명한 대사가 있습니다. "끝에 단어 세 개만 좀 바꿉시다. '볼 수 있다'가 아니라 '매우 보여진다'로." 그는 세 단어로 이루어진 동사구 '볼 수 있다'를 두 단어의 동사구 '매우 보여진다'로 바꾸어 썼습니다.('보여지다'는 이중 피동을 쓴 잘못된 표현입니다.) 물론 '매우'라는 부사를 사용해 의미를 더 강조하기도 했지만, '보다'라는 동사를 동일하게 사용했음에도 그 뜻이 매우 다르게 느껴집니다.

결국 자연어 처리 과정에서도 형태나 쓰임이 크게 변하지 않는 낱말은 '명사'입니다. 그렇기에 어떤 맥락에 있든 '명사'는 참고할 만하지요. 물론 '연기'를 기체라고 한 사례와 같이 정보 자체가 잘못된 경우는 피하기 어려울 수도 있습니다. 그렇더라도 착각을 일으키는 문장들 속에서 쓸 만한 정보를 추려 내는 행운은 얻을 수 있을지 모릅니다. 또한 명사가 지칭하는 개념들을 골라내어, 이들 사이의 관련성을 꿰는 일은 역시 인간의 몫입니다.

효율이 다가 아닐 때

텍스트에 몇 가지 문제가 있다고 해도, 인공 지능이 정보를 모아 요약해 주는 역할을 효율적으로 하고 있음은 부정하기 어렵습니다. 한 가지 주제로 서너 문단을 작성하려면 인간은 훨씬 더 많은 시간을 들여야 합니다. 자료를 수집하고 정리하고 해석해 필요한 부분만 추려 낸 뒤 이들을 종합해 정련된 글로 써야 하니까요. 해당 분야 전문가라 해도 과업을 해결하는 데 필요한 절대적인 시간은 인공 지능보다 적을 수 없습니다.

그럼에도 우리는 직접 글을 씁니다. 손글씨로든 타이핑으로든 씁니다. 새로 알게 된 정보나 자신의 의견을, 타인과 언어(그리고 비언어)를 주고받으며 공유합니다. 인간이 지식을 구축하는 과정에는 '효율'만으로는 설명할 수 없는 부분이 존재합니다.

인간은 왜 직접 글을 쓰고 배우려 할까요? 가족이나 연인 간에, 교사와 학생, 학생과 학생, 서로 다른 분야의 전문가 간에 우리는 대화하며 배웁니다. 모르는 것을 서로 묻고 대답하면서 서로가 알고 있는 지식이 새로운 지식을 낳는 구조가 만들어지지요.

인공 지능과의 대화에서도 배울 수 있습니다. 김대식 카이스트 교수는 챗지피티와 나눈 대화를 엮어 『챗GPT에게 묻는 인류의 미래』라는 책으로 출판했는데 이 책에서 '사랑과 정의' '죽음'과 같은 주제를 두고 나눈 대화를 보면 인간들의 대담과 크게 다르지 않아 보였습니다. 하지만 김대식 교수는 대화를 다음과 같이 회상했습니다.

"마치 똑똑한 정치인과 대화를 나누는 기분이었다. 절대 자신의 본 모습을 보여 주지 않으면서 너무나도 교과서적인 대답만을 반복하는 그런 분들 말이다. (……) 질문에 포함된 단어들과 확률적으로 가장 잘 어울리는 문장을 생성해 낼 뿐이기에, 사실 챗GPT의 '생각'은 기계의 생각이기 전에 지난 수십 년간 인류가 인터넷에 올린 문장과 생각의 집합이라고 해석해 볼 수 있다."(김대식, 2023: 345-347)

인공 지능이 생성한 텍스트는 인간이 그간 구성해 온 지식을 재가공한 결과입니다. 인간은 인공 지능이 쉽고 빠르게, 흡족한 답을 내놓을 것이라 기대할 테지요. 아쉽게도 인공 지능은 결국 언어 연관성을 기반으로 확률상 가까운 정보를 제공해 주는 알고리즘에 불과합니다. 유튜브의 다음 영상 추천 알고리즘이나 웹사이트의 광고처럼요. 그러니 생성형 인공 지능에도 너무 큰 기대를 해서는 안 됩니다. '내가 이 영상에 관심이 있다는 걸 어떻게 안 거지?' 정도의 놀람은 괜찮습니다. 하지만 인공 지능이 일정 분량으로 요약한 텍스트만으로 인류가 수십 년간 집적해 온 원자료를 대체할 수 있다는 섣부른 믿음은 경계해야 합니다.

인공 지능은 인간들과 달리 맞장구를 치지 않습니다. "맞습니다" "그렇지 않습니다" 하고 대답은 하지만, 배움의 즐거움에 참여하지 못하기 때문입니다. 인간은 자신이 세상의 모든 지식을 다 알지는 못함을 알기에 배우면서 희열을 느낍니다. '이런 것도 있구나' 하면서요. 우리는 자기 분야에 대해서는 세월이 지나면 제법 할 말이 생깁니다. 동시에 그렇지 않은 분야에서는 불과 5분 전에 들은 내용도 이내 잊어버릴 수 있음을 인정합니다. 모든 인간이 그러하다는 점 또한 압니다.(12세에 미적분을 독학한 천재의 대명사인 아인슈타인도 어학 성적이 낮아 대학 시험에서 곤욕을 치렀다고 하지요.)

그래서 우리는 여럿이 모여 '이 문제를 같이 한번 해결해 보자' 하는 일심동체의 마음도 느낄 수 있습니다. 공동으로 탐구하는 과정에서 이전의 지식이 한 발 나아가기도 하고, 전에 없던 새로운 지식이 생겨나기도 합니다. 질문의 대상이 인간이라서 가능한 일입니다.

6

평창에 사는 사람이 제주도로 여행을 간다면 어떤 옷을 챙겨야 할까요? 초등학교 3학년 사회 시간에 배우는 내용입니다. 아이들은 자연환경에 따른 적절한 옷차림을 예상해 봅니다. 지역에서 계절, 세계 여러 나라 기후로 나아가면서 환경의 차이를 탐구하고, 이에 따라 우리 삶의 모습이 어떻게 달라지는지 알게 됩니다. 어른들은 대수롭지 않게 이야기합니다. "부산은 여기보다 따뜻하지?" "수도권은 벌써 눈이 왔다네" 하고요. 하지만 여러분은 왜 제주도가 평창보다 대체로 더 포근한지 설명할 수 있나요? 혹은 그 이유를 궁금해한 적이 있나요?

우리는 처음부터 모든 지식을 알고 있지 않습니다. 발로 뛰며 직접 경험하거나 책이나 영상, 혹은 더 먼저 알게 된 사람에게 간접적으로 얻어 내야만 배울 수 있습니다. 앞의 질문역시 지역을 오가며 기온의 차이를 느껴 보는 게 가장 직관적으로 지식을 습득하는 방법일 테지요. 실제로 동남아 국가로여행을 가 본 학생들은 캐리어에 짧은 상하의를 챙겼던 일을바로 떠올렸습니다. 직접 경험하는 것만큼 강렬하게 뇌리에박히는 방법도 없을 겁니다. 하지만 모든 지식을 그렇게 얻기는 어렵지요.

우리는 책을 읽어 새로운 정보를 얻기도 하고 다른 사람과의 대화에서 깨닫기도 합니다. 그런 의미에서 수업은 교사와학생, 책이 나누는 대화라고 바꿔 말할 수 있습니다. 꼭 책이아니더라도 수많은 자료가 대화의 소재로 다뤄질 수 있지요.교과서의 설명이나 삽화를 두고 이야기를 나눌 수도 있고요.

앞의 주제를 다루었던 사회 수업 시간에 저는 과학 시간에만든 스티로폼 지구 모형을 꺼내 들어 평창과 제주도의 위치를 비교했습니다. 이때 교실에 굴러다니던 저글링 공은 태양이 되었지요. 저는 양손에 스티로폼 지구와 저글링 공 태양을쥡니다. 지구는 돌면서, 동시에 태양 주변도 돕니다. 자전과 공전이지요.

사실 초등학교 3학년은 기온 차가 생기는 이유나 낮과 밤이 바뀌는 이유, 계절의 변화는 몰라도 됩니다. 교육 과정상 그렇습니다. 그런데 저는 왜 공 두 개를 돌렸을까요?

우리 반에는 질문'꾼'이 있습니다. 질문을 좋아하고 잘하는 아이지요. 이름을 한성이라고 하겠습니다. 한성이는 결코 그냥 넘어가는 법이 없습니다. "선생님, 저 말할 게 있어요."라는 말을 입버릇처럼 합니다. 국어 교과서를 보다가 이야기와 관련 있는 경험이 떠오르면 들려주고 싶어 합니다. 인물이 이해되지 않는 행동을 하면 이유가 뭐냐고 묻습니다. 그러다 문면에 드러나지 않은 의도를 간파해 내기도 하지요. 과학 시간에는 물에 사는 동물과 땅에 사는 동물을 분류하라고 했더니, 물과 땅을 오가는 동물은 어디에 두느냐고 물어봅니다. 분류하기 모호한 사례를 짚어 낸 것이지요.

사회 시간에도 역시 질문했습니다. 제주도에 사는 사람도 같은 계절에는 평창에 사는 사람들처럼 따뜻하거나 춥지 않겠느냐고요. 지역에 따른 생활 방식 차이만 다루고 있었지만 한성이는 계절 변화에까지 생각이 미쳤나 봅니다. 학생이 궁금하다는데 무슨 과목 시간인지가 중요한가요? 곧바로 과학 수업이 시작됩니다.

"어디 지구 대신할 만한 게 없나?"라고 말을 꺼내니 우리 반 개구쟁이 한 명이 사물함에서 스티로폼 지구 모형을 꺼내 옵니다. "저 지구 가지고 있어요!" 하면서요. 그러자 다른 아이들도 조바심을 냅니다. 흥미로운 상황에 자기도 기여하고 싶은 모양이지요. "그럼 태양은 없나?" 하는 순간, 모두의 눈이 교실 곳곳을 훑습니다. 그러더니 완벽한 태양을 찾아냅니다. 1학기 놀이 시간에 사용한 저글링 공입니다! 이제 제가 공을 두 개나 돌린 이유를 아시겠지요? 초등학교 교사는 전 교과에 두루 능해야 합니다. 아이들의 호기심은 과목을 구분하지 않기 때문입니다.

알고 있다는 착각

아래의 상황에서 어른들은 어떤 생각을 할까요? 제가 맞혀 보겠습니다.

- 식탁에서 미끄러지는 컵을 봤을 때 → '컵 받침이 없어서 불편하네.'
- 급식 시간에 젓가락에 포도알을 여러 개 꽂던 장난꾸러기가 혼나는 모습을 봤을 때 → '또 저러네!'

- 알뜰 시장을 준비할 때 → '얼마에 팔지?'
- 그림 그릴 때 → '테두리 다 그렸으니까 색칠하면 끝이네.'
- 나눗셈 문제를 풀 때 → '피자 한 판을 8조각으로 나누면? 정답은 8분의 1이지.'

같은 상황에서 아이들은 이런 질문을 합니다.

- "왜 찬 음료가 담긴 컵을 식탁에 올려 두면 움직이나요?"
- "왜 젓가락에 포도알을 세 알씩 꽂아 먹으면 안 되나요?"
- "왜 알뜰 시장에서 파는 물건은 처음 살 때보다 싸요?"
- "왜 테두리부터 그리고 색을 칠해야 하나요?"
- "왜 피자를 꼭 삼각형 모양으로 나눠 먹어야 하나요?"

다시 말하지만, 인간은 모든 걸 다 알고 있지는 않습니다. 그런데 우리는 자신이 이미 안다고 생각하기 쉽습니다. 더 궁금한 게 떠오르지 않으면 어느 정도는 알고 있다고 착각하는 것이지요. 하지만 모르는 게 없는 것이 아니라 더 알고 싶은 게 없는 것은 아닐까요? 대부분을 '당연하다'고 생각하니까요.

우리는 꽤 오랜 기간 텍스트를 읽으며 지식을 습득해 왔습니다. 초등학교에서 중학교까지 의무 교육 기간만 해도 9년은 됩니다. 비단 공교육이 아니더라도, 우리는 살아가며 수많은 텍스트를 통해 지식을 익힙니다.(텍스트는 넓은 의미에서 문자 언어에 한정되지 않고 소리, 이미지, 영상 등을 포함합니다.) 여태까지 우리는 주로 텍스트를 만드는 주체이기보다 이미 생산된 텍스트를 수용하는 입장이었습니다. 교과서에 나온 정보는 의심 없이 받아들이고 외우는 것이 우리가 할 일이었지요. 이는 다소 수동적인 독자의 모습이라 할 수 있습니다.

독서 평가 분야의 권위자인 애플러바크(Peter Afflerbach)는 지식의 본질과 형성 과정에 대한 독자 개인의 믿음에 주목했습니다. 지식은 무엇이며 어떻게 형성되는지에 대한 믿음이 우리가 텍스트를 읽는 과정에 영향을 준다고 했지요. 이러한 믿음을 '인식론적 신념'이라 합니다(Hofer, 2002). 앞서 질문이 형성되는 단계를 살펴보며 「청산별곡」에 빼곡히 해설을 받아 적었던 저의 학창 시절 이야기를 잠깐 드렸습니다. 이런 소박한 신념을 지닌 독자는 앎의 원천을 권위자에 두고 지식을 그대로 수용합니다. 지금 보고 있는 정보가 객관적인 사실이라 믿기 때문에 독자의 개입이 필요 없다고 생각합니다.

그런데 그림을 그릴 때 테두리부터 그려야 한다는 생각은 고정 관념 아닐까요? 캔버스에 물감을 뿌려 완성하는 잭슨 폴록의 작품은 '우연'으로 만들어 집니다. 특정한 형체를 찾

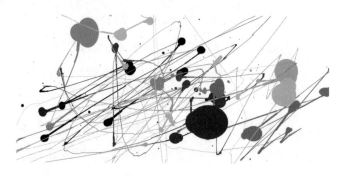

백희정의 「새벽 5시 49분」(2023년), 디지털 스크린 위에 디지털 잉크로, 14*6cm

아보기 어렵지만 그것도 하나의 작품이 되지요. 새벽 5시 49분에 서재에 앉아 있는 제 마음을 작품으로 표현해 보았습니다.*(새벽 감성은 역시나 혼란하군요.)

분수의 나눗셈을 가르칠 때면 어른들은 으레 원을 똑같은 피자 조각 모양으로 잘라 설명합니다. 그런데 피자 중에는 네모 모양으로 잘라 먹는 것도 있지요. 큰 바둑판처럼 가로세로를 가르는 피자는 손에 기름을 묻히지 않고도 젓가락으로 편하게 먹을 수 있다는 장점이 있습니다.

*

https://www.jacksonpollock.org/에서 생성했다.

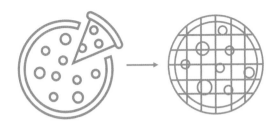

"왜 피자를 꼭 삼각형 모양으로 나눠 먹어야 하나요?"

세련된 신념을 가진 독자

한성이의 사례를 한 가지 더 들려 드릴까 합니다. 초등학교 3
학년 2학기 국어 시간에는 감각적인 표현을 배웁니다. 감각
적인 표현이란 '시각, 청각, 후각, 미각, 촉각과 같은 느낌을
생생하게 전달하기 위한 표현'입니다. 예를 들어 '바삭바삭'
'말랑말랑'과 같은 단어가 이에 해당합니다. 교과서에서는 정
유경 작가의 동시집 『까불고 싶은 날』에 수록된 「감기」라는
동시로 감각적인 표현을 배웁니다. 시 내용 중 일부를 살펴보
며 이야기를 나눠 보겠습니다.

　내 몸에 불덩이가 들어왔다.
　―뜨끈뜨끈.

약을 먹고 나니

느릿느릿,

거북이도 들어오고

내 몸에

너무 많은 것들이 들어왔다.

작가는 감기에 걸린 화자의 상황을 '불덩이'와 '몹시 추운 사람' '거북이' '잠꾸러기'가 몸에 들어온 것에 비유해 재미있게 묘사합니다. 교과서에서는 동시를 읽고 난 뒤, 다음 물음에 답하라고 합니다. "내 몸에 들어온 것은 무엇 무엇인가요?" 아이들은 입을 모아 불덩이부터 잠꾸러기를 외칩니다. 그런데 한성이가 이렇게 이야기하더군요. **"선생님, 저 말할 게 있어요. 내 몸에 들어온 게 하나 더 있지 않아요? '약'이요!"** 저뿐만 아니라 아이들 모두가 놀랐습니다. 우리는 교과서에서 기대하는 방향으로 화자의 상황을 빗댄 표현만을 찾아냈습니다. 그런데 화자의 몸에 들어온 것 중 빠뜨린 게 있었던 겁니다. 바로 '감기약'이지요. 한성이는 국어 교육의 내로라하는 교수와 교사가 머리를 모아 만든 질문에 역질문을 던져 버렸습니다. 우리 반 개구쟁이는 한성이를 이렇게 평했습니다. "선생님, 한성이는 말이 좀 많긴 한데 신기하게 틀린 말은 하나도 없어요!"

세련된 신념을 지닌 독자는 개인의 합리적인 탐구 과정에서 지식이 구성된다고 믿습니다. 그래서 지식을 비판적인 시각으로 바라보는 주도적인 자세를 취합니다. 한성이처럼요. 세련된 신념을 가진 이는 질문이 많습니다. 이들은 하나의 정답을 찾기보다 질문을 제기하며 유효한 대안을 탐색합니다. 그러다 보면 고여 있던 지식도 여러 방면으로 세련되어 가기 마련입니다. 해가 뜨고 지는 것을 보면서 인간은 태양이 지구 주위를 돌고 있다고 믿었지만, 실상 지구는 태양 주변을 도는 하나의 행성이었지요. "과연 그러한가?"라는 합리적인 의심은 새로운 지식을 구성하는 주된 동력이 됩니다.

여러분은 어떤 독자인가요? 세련된 사람입니까? 말씨나 옷차림이 아닌 '믿음'에 관한 질문입니다. 다른 사람들이 옳다고 하는 사실도 다시 한번 검토하나요? 새로운 지식을 배울 때 여러 관점을 두루 살피나요? 이미 알고 있는 지식도 시간이 지나면서 다른 사실로 대체될 수 있다는 점을 유연하게 받아들일 수 있나요? 의미를 창조하고 학습하는 인간에게 인식론적 신념을 자문하는 일은 성격 유형(MBTI)을 아는 것보다 중요할 수 있습니다. 지식을 구성하는 장면에서 내가 어느 위치에 설 것인지를 결정짓기 때문입니다.

적어도 읽기 행동만 두고 보면 온라인 환경의 독자는 제법 세련된 편입니다.* 독자들은 그 나름대로 읽기 과제에 적합한 텍스트를 찾아내기 위해 검색어를 조정하고 여러 출처의 텍스트를 비교하며 읽습니다. 우리는 포털 사이트에 검색어를 입력하면 주제와 관련해서 수많은 텍스트를 받아 볼 수 있다는 점을 알고 있습니다. 그러니 적어도 온라인에 지식을 구성하는 여러 관점이 존재한다는 사실은 최소한의 전제로서 이해하고 있다고 봐야겠지요.

하이퍼텍스트 읽기

개인차가 있겠지만, 온라인 환경의 독자는 텍스트의 선택과 연결을 위한 의사 결정을 반복하면서 하이퍼텍스트 읽기를 수행합니다. 사회학자이자 철학자인 넬슨(Theodor Holm Nelson)은 비선형적인 구조(non-linear)로 이루어진 텍스트를 가리켜

*

물론 도서관을 뒤져 종이책을 읽던 때와 비교한다면 수동적이라 할 수 있다. 리터러시 연구자들이 우려를 표했듯 온라인에서는 독자들이 깊이 읽지 않는 경향도 보인다.

'하이퍼텍스트'라 명명했습니다. 전통적인 텍스트는 선형적인 구조로 이루어졌습니다. 선형적인 텍스트를 읽을 때 독자는 정보를 위에서 아래로, 순차적으로 접근합니다. 그런데 비선형적인 구조를 띤 하이퍼텍스트는 쪼개진 텍스트들이 정형화된 순서를 벗어나 다양한 방식으로 연결됩니다.

파편화된 텍스트(node)를 연결(link)해 새로운 의미를 부여하는 것은 우리 '독자'들의 역할입니다. 개별 텍스트에는 각각의 필자가 있지만, 해당 텍스트의 독자인 동시에 필자**인 온라인 독자들은 텍스트를 모아 새로 텍스트를 생성합니다. 전통적인 읽기 맥락에서는 하나의 텍스트가 하나의 완결된 정보를 담고 있었지요. 이제는 흩어진 텍스트를 하나의 주제를 중심으로 연결해 의미를 구성해 냅니다. 하이퍼텍스트는 '하이퍼(hyper)'라는 말 그대로 '텍스트 너머에 있는 텍스트' 또는 '선형적 텍스트를 초월한 텍스트'를 뜻합니다. 독자들은 웹 페이지를 오가며 끊임없이 새로운 텍스트를 추가할 수 있

**
이를 가리켜 '작독자' 혹은 '생비자'라는 표현을 사용하기도 한다. 독자가 생산된 텍스트를 소비함과 동시에 새로운 텍스트를 써 내는 작자 역할을 하게 되면서, 작자와 독자, 생산자와 소비자의 경계가 허물어지는 현상을 보여 주는 용어이다.

습니다. 이런 텍스트는 다소 폐쇄적인 전통적인 텍스트와는 달리 개방적이라는 특징이 있지요.

필요한 정보를 수집, 선별하여 새로운 가치를 부여하는 큐레이션 과정에서 독자는 지식을 구성하는 자율성과 최소한의 책임을 지닙니다.* 검색 결과의 상단에서 한두 편의 텍스트만 취할 수도 있지만, 의지가 있다면 전통적인 방식으로 읽을 때보다 더 많은 정보를 빠르고 자유롭게 가져다 쓸 수 있습니다.

동시에 생성한 의미에 대한 독자의 책임은 조금 더 커집니다. 텍스트 조각들을 모아 새로운 텍스트로 종합하는 일은 독자 자신이 한 일이기 때문입니다. 하나의 텍스트만 읽는 경우 필자의 의도나 가치관 등이 독자가 생성할 의미에 미치는 영향이 크겠지요. 하지만 여러 필자의 목소리 중에서 독자가 선택한 소리들이 버무려진 뒤에는 개별 필자의 영향이 희미해집니다. 그 대신 독자의 신념이나 가치관, 배경지식 등이 의미

•

물론 텍스트를 더 찾아 읽거나 텍스트를 비교하며 비판적으로 이해하는 독자가 있는가 하면, 그렇지 못한 경우도 있다. 이는 독해력의 차이일 수도 있고, 인식론적 신념의 세련도에 따라 행위 수준이 달라지는 것일 수도 있다. 이소라(2017)는 독자의 인식론적 신념과 다문서 읽기 전략 사용의 상관관계를 확인했는데, 세련된 인식론적 신념이 다문서 읽기의 축적과 정교화 전략 사용에 직간접적으로 영향을 줄 수 있다는 점을 시사했다.

생산 방향을 결정하게 되지요.

인공 지능 기반 환경에서 독자는 개별 텍스트를 처리할 필요가 줄었습니다. 개별 텍스트의 탐색과 이해, 요약 과정을 인공 지능이 대신하기 때문입니다. 얼핏 보면 인공 지능이 인간 독자가 하던 역할, 즉 텍스트를 연결해 새로운 지식을 구성하는 소임을 대신하는 것처럼 보이기도 합니다. 방대한 데이터로부터 자유롭게 텍스트를 가져다 쓰기도 하고요.

사실상 인공 지능 챗봇의 사용을 막을 수는 없습니다. 조금이라도 더 쉽고 빠르게 정보를 얻고자 하는 지금의 우리에게는 더욱 그러하지요. 요즘에는 1분 내외의 '숏폼'에서 유익과 즐거움을 찾고, 드라마의 한 시즌을 20분 요약본 영상으로 보는 일이 익숙합니다. 이런 시대에 편의를 마다하고 구태여 '탐색가' 역할을 자처하기란 누구에게도 쉽지 않은 일입니다.

인공 지능 챗봇의 입력 창을 보면 우리는 자연스럽게 질문하고 싶은 욕구를 느끼게 됩니다. 뜨거운 컵을 들어 올릴 때 주저 없이 손잡이를 쥐는 것과 같습니다.** 인공 지능 챗봇도 우리에게 질문하라 강제하지는 않습니다. 다만 질문 창을 띄울 뿐이지요.

인공 지능을 자주 활용하는 이들은 지식의 본질과 지식이 정당화되는 과정에 대해 비교적 소박한 신념을 갖게 될 수 있습니다. 이는 인공 지능이 최종적인 지식을 내놓을 것이라는 기대에서 비롯합니다. 생성형 인공 지능이 대규모 언어 데이터를 학습한 결과로 응답을 내놓는다는 사실을 알고 있다면, 인공 지능을 권위자로 인식하고 개인의 판단이 불필요하다고 느낄 수 있습니다.

그럴 때 독자는 지식 구성자로서의 주체성을 상실하고, 인공 지능에 인간의 권한을 넘겨줄 수 있습니다. 우리가 인공 지능에 갖는 두려움은 언젠가는 이들이 '전적으로' 지식의 권

••
여기서는 인공 지능 챗봇의 '행동 유도성'을 말하고자 했다. 이를 어포던스(affordance)라고 하는데, 인간이 특정한 행동을 하도록 유도하는 사물의 특징이나 상태를 의미한다. 웹서핑을 하던 중 페이지 하단에 팝업이 떠오르면 자연스럽게 눈길이 간다. 사용법을 몰라도 화면에 떠오른 광고창에 무의식적으로 주목하게 된다. 사용자 경험을 디자인하는 사람들은 인간과 사물이 관계 맺는 방식을 단서로 사용자 경험을 극대화한다. 제품이나 서비스를 활용할 때 사용자의 편의성을 높여 준다는 이점이 있지만, 일상에서 이에 무의식적으로 그리고 지속적으로 노출될 때 사용자의 의식에 영향을 주는 지점은 없을지 고민해 볼 필요가 있다.

위자 역할을 하게 될지 모른다는 막연한 우려에서 비롯하는 것 아닐까요? 인공 지능이 생성한 텍스트에는 분명한 한계가 존재하며 텍스트를 종합하는 일이 앎의 전부는 아닙니다. 그렇더라도 인간의 고유한 역할을 '성능 좋은 또 다른 지능'에 위협받고 있는 지금의 상황을 가벼이 넘길 수는 없지요.

인공 지능과의 관계에서 인간이 염려해야 할 점에는 여러 가지가 있지만 저는 무엇보다도 인간이 '독자'이기를 포기하는 것은 아닐지가 가장 우려됩니다. 요즘 우리는 지식의 '구성자'에서 경험의 '소비자'로 물러나고 있는 것 같습니다. 직접 텍스트를 찾아 읽어 지식을 쌓는 일은 번거롭지요. 기존 지식에 물음표를 띄우고 새로운 정보를 찾아 나서는 것은 도전적인 과제입니다. 반면 누군가가 요약해 둔 글이나 영상을 보는 건 쉽습니다. 빠르기도 하고요. 혹시 독서 모임 시작 전까지 책을 다 읽지 못했나요? 잘 만들어진 책 리뷰 영상 한 편만 보면 뭐든 말은 하고 올 수 있습니다.

책 리뷰 영상 이야기가 나왔으니 '북튜브(booktube)'에 관해 잠깐 이야기해 볼까 합니다. 북튜브는 책(book)과 유튜브(youtube)를 합성한 조어입니다. 한 번쯤 보셨지요? 북튜브는 책을 중심으로 형성되는 친화적 공간의 성격을 띱니다.* 북튜브 사용자들은 영상을 매개로 사회적인 독서 행위(social reading act)에 참여합니다. 함께 독서한다는 의미입니다. 독자들은 책 리뷰 영상을 보고 댓글로 감상을 공유하기도 하고, 작품 이해에 영상 제작자의 해석을 참조하기도 합니다. 그러고 보면 리뷰 영상도 꽤 많은 도움이 되는 것 같습니다.

하지만 안타깝게도 사용 양상을 면면이 들여다보면 '독자'가 아닌 '사용자'가 다수임을 발견하게 됩니다. 저는 북튜브 영상과 댓글을 분석해서 사회적 독서 공간으로서 북튜브의 가능성을 살피는 연구를 한 적이 있습니다. 북튜브 이용자들은 '탐색가' '평가자' '참여자'로 위치했습니다. 앞서 말했듯 자신을 독자로 인식하고 적극적인 수준에서 독서를 실천하는 사용자도 있었지만 절반에 가까운 사용자들은 영상 제작 팁을 얻거나 책을 읽지 않고 필요한 정보를 수월하게 얻으려는 목적에 머물렀습니다. 책을 읽지 못했을 때 독서 감상문 과제를 해결하기 위해 활용하기도 했지요.

제가 하려는 말은, 생각보다 많은 이가 직접 읽지 않는다는 겁니다. 물론 책을 즐겨 읽는 사람도 많습니다. 저는 책을

●

지(Gee)(2004:67)에 따르면 온라인 환경에서는 사람들이 인종과 계급 문화, 민족 또는 성별과 무관하게 관심사와 공유된 목표를 기반으로 다른 이들과 관계를 맺는 행위가 더 빈번하고 자발적으로 이루어진다.

광적인 수준으로 집어삼키는 사람도 만나 보았습니다.* 하지만 새해 목표로 '독서'를 꼽는 사람이 많다는 것은 그만큼 책 읽기가 쉽지 않다는 방증이기도 합니다. 책 한 권을 읽으려면 아무리 얇은 책이라 해도 두 시간 정도는 꼼짝없이 집중해야 합니다. 책을 읽다 보면 이해하기 어렵고 관심 없는 내용도 나오기 마련이라 졸음이 오기 십상입니다. 독서는 에너지가 많이 드는 일이지요.

반면 영상은 어떻습니까? 내가 깊게 생각하지 않아도 흥미진진하게 내용이 전개되지요. 지루할 틈을 주지 않습니다. 전개가 느리면 2배속을 하거나 다음 장면으로 넘겨 버리면 그만입니다. 대안으로 고를 영상도 이미 대기하고 있습니다. 영상이 책보다 반드시 재미있다고 말할 수는 없지만 '편하게' 재미있을 수 있다는 점에는 수긍하게 됩니다.

인지적 구두쇠들

프린스턴대학교의 수전 피스크(Susan Fiske) 교수와 UCLA의

---

* 책 읽기를 즐기는 독자는 '애독자' '향유 독자' '평생 독자' 등으로 불린다.

셸리 테일러(Shelley Taylor) 교수는 편한 방식을 선호하는 인간의 성향을 '인지적 구두쇠(Cognitive miser)'라는 표현으로 설명합니다. 인간은 가능하면 간단하고 쉬운 방법으로 문제를 해결해서 두뇌 에너지를 아끼려 든다는 겁니다.* 돈 쓰는 데 인색한 구두쇠처럼, 인지적 노력을 들이지 않으려는 것이지요. 우리는 '생각하기'보다 '생각하지 않기'를 택할 가능성이 큽니다.

인간의 인색함은 텍스트 한 편에만 한정되지 않습니다. 여러 텍스트를 검토해야 할 때도 유효합니다. 우리는 과제를 수행할 때 텍스트 탐색과 선택이 자유롭다고 해서 마냥 반기지는 않습니다. 아시다시피 그 과정이 매우 번거롭고 많은 고민이 필요하기 때문이지요. '적합한' 자료를 찾아 '적절하게' 꿰어 내는 일은 여러 대안을 놓고 평가하는 지난한 과정을 거쳐야 합니다. 인간은 너무 많은 선택지가 주어질 때 이를 처리하려는 동기를 잃기도 합니다(류수경, 2019). 선택지가 제한될 때 오히려 마음이 편하다는 뜻이기도 합니다.

•

이와 유사한 논의로, 가브리엘 살로몬(Gavriel Salomon)은 과업의 복잡성이 클 때 인간은 '탐구를 위한 인지적 노력(amount of invested mental effort, AIME)'을 줄이는 방향으로 과제를 수행한다는 결과를 보고한 바 있다.

일례로 애플사의 아이폰은 꽤 최근까지도 하나의 홈 버튼을 고수해 왔습니다. 버튼 하나로 모든 동작을 지시해야 해서 얼핏 사용자의 자율성을 제한하는 것으로 보이지요. 그런데 놀랍게도 사용자들은 홈 버튼 하나로 스마트폰의 모든 기능에 접근할 수 있다는 점에 열광했습니다. '극도의 단순함'이 오히려 매력적일 수 있음을 보여 주는 단적인 예지요.

온라인이건 오프라인이건 다중 텍스트를 처리하는 일은 단일 텍스트와 비교할 때 인지 부하를 가중합니다. 출처가 다른 텍스트를 비교해 가며 통합하는 일에는 더 높은 수준의 사고 과정이 필요하기 때문입니다. 어떤 한 주제에 관해서 한 편의 텍스트가 모든 지식을 다 담고 있을 수는 없습니다. 그래서 우리는 여러 텍스트를 읽어야 하지요. 그런데 이러한 복잡한 과정을 인공 지능이 대신해 주고 있습니다.

독자가 텍스트를 직접 읽으려는 시도를 줄이면서 자신의 권한과 주도성을 상실할 수 있다는 점은 인공 지능을 활용한 읽기에서 큰 문제입니다. 인공 지능에 의존해 지식을 학습하는 독자는 텍스트를 검토하고 종합하는 탐구의 과정을 경험하지 못할 가능성이 큽니다. 무비판적이거나 다중 텍스트 읽기 과업에 부담을 느끼는 독자가 계속해서 인공 지능이 제공하는 텍스트만을 취한다면, 그들은 자력으로 텍스트를 찾아

내고 그 과정에서 지식을 탐구하는 주도적인 독자로서의 힘을 잃게 될지도 모릅니다.

우리는 지식의 '소비자'가 아닌, '구성자'로의 지위를 잃지 말아야 합니다. 그러려면 "그렇구나" 하고 대답하지만 말고 "정말 그렇다고?" 하고 질문하는 독자가 되어야 합니다. 즉 질문할 수 있는 능력과 질문하려는 태도를 갖춘 독자가 되어야 합니다(이재기, 2019).

질문하는 방법은 배워 연습하면 된다지만, 질문하는 태도는 어찌하면 좋을까요? 어떻게 해야 인색한 두뇌가 내 마음처럼 움직여 줄까요? 지금부터는 질문하는 태도를 갖추기 위해 필요한 요소를 차례로 살펴보겠습니다.

발달 심리학자들은 개인과 사회적 맥락이 교류하는 과정에서 인간의 인식론적 신념이 바뀔 수 있다고 이야기합니다. 2000년의 한 연구에서 심리학자 쿤(Deanna Kuhn)과 동료들은 인간이 지식을 인식하는 수준이 어떻게 발달해 가는지를 밝혀냈습니다. 연령과 교육 여건, 생활 경험 등이 다양한 어린이와 청소년, 성인으로 구성된 7개 집단을 대상으로 지식에 대한 인식론적 이해 수준의 변화를 확인했지요. 연구 결과를 잠깐 들여다보겠습니다.

인간은 처음에는 주관성을 배제한 채 철저히 객관적인 차원에서 지식을 대합니다. 옳고 그름으로 지식을 간주하려는 절대적 성향을 보인다는 것이지요. 그러다 여러 가지 상충하는 견해가 있음을 인식하게 되면서 이들을 동등하게 인정하는 다중적 관점을 취합니다. 같은 주제에 관해서도 관점을 달리하는 다양한 의견이 있다는 걸 깨닫는 것이지요. 그리고 객관성과 주관성의 차원을 조정하는 가운데 평가적 관점이 발달하게 됩니다. 절대적인 지식이라는 것은 없음을 인정하지만, 여러 유효한 관점을 평가하는 과정에서 증거를 통해 하나의 주장을 정당화할 수 있다고 믿게 된다는 것입니다.

이와 유사한 맥락에서 리터러시 연구자들은 독자들이 상반된 관점을 다룬 다중 텍스트를 읽는 과정에서 인식론적 신념의 변화를 경험한다는 결과를 지속적으로 보고하고 있습니다. 여러 텍스트를 읽어 보는 행위가 지식의 확실성이나 단순성을 의심할 계기가 된다는 것이지요.

인공 지능 챗봇은 여러 텍스트 중에서도 점유율이 더 큰 관점을 택합니다. 인공 지능이 언어를 처리하고 생성하는 원리가 그러하지요. 우리는 이제 그 점을 잘 파악하고 있습니다. 인공 지능이 내놓은 텍스트는 절대적인 진리가 아닙니다. 인공 지능이 참조한 정보는 결국 무수히 많은 목소리 중에서 더 큰 목소리일 뿐입니다. 소리가 작기 때문에 담아내지 못한 상반된 관점이 존재하고, 이 때문에 편향된 결과물이 나올 수 있지요.

이들을 찾아내어 평가하는 일은 우리 인간의 몫입니다. 인공 지능의 능력을 과신하는 태도를 경계하고 이들이 내놓는 정보의 권위를 쉽사리 인정하지 않는 신념이, 지식의 구성자로서 인간이 지녀야 할 중요한 마음가짐이라 할 수 있습니다. 마음이 준비된 자에게 질문은 자연히 따라오기 마련입니다.

지식을 만드는 과정에 참여하려면

이제 어떻게 질문해야 할지가 관건입니다. 어떻게 하면 조금 더 적극적으로 지식을 만들어 가는 과정에 참여할 수 있을까요?

그간 교육현장에서 텍스트 이해 전략으로써 사실적 질문, 추론적 질문, 비판적 질문 등을 떠올리게 하고, 역으로 독자의 이해 수준을 판단하는 가늠쇠로 질문을 활용해 온 것은 단일 텍스트 읽기를 지원하기 위한 접근에 가깝습니다.* 이때 질문은 텍스트 이해 수준을 위계화한 내용으로 구성됩니다. 독자는 텍스트의 표면적 이해를 위해 '무엇이 어떠한지'를 묻고, 텍스트에 드러나지 않은 전제를 밝히기 위해 '왜 그러한지'를 질문하며, 텍스트로부터 시선을 외부로 끌어내면서 '어떻게'

와 '만일'을 제기하지요.**

인공 지능 시대에 독자의 질문은 다중 텍스트 읽기 맥락을 고려할 필요가 있습니다. 인공 지능이 한 편의 종합한 텍스트를 내주는 지금은, 하나의 텍스트를 온전히 이해하는 것에서 나아가, 텍스트를 기점으로 이를 활용하고 여러 텍스트를 종합해 변용하는 능력이 어느 때보다도 중요해졌습니다.*** 그렇다면 질문 내용은 텍스트 이해를 도모하면서도 그 이후의 활용을 위한 사고 수준을 드러낼 수 있어야 합니다.

실제로 최근 읽기 교육 연구자들은 점차 '탐색'과 '탐구'적 성격의 질문에 주목하고 있습니다. 텍스트 밖에서 얻을 수 있

●

'질문'과 관련한 읽기 교육 연구 동향을 분석한 권이은·이수진·송정윤 (2021)의 연구에 따르면, 텍스트의 내용을 이해하기 위해 텍스트를 대상으로 독자가 하는 질문이 68%에 달한다고 한다.

●●

박수자·임미경(2018: 46)은 학습자가 생성하는 질문을 4수준으로 구분하고 있다. 1수준은 단어와 문장의 재생, 2수준은 이해와 적용, 3수준은 관계 파악을 기반으로 분석이 이루어진 수준이며, 4수준은 텍스트의 종합과 평가에 해당한다.

●●●

OECD 〈교육 2030〉 프로젝트에서는 급변하는 사회에 적응하고 그 속에서 변화를 주도하는 주체적인 학습자의 변혁적 역량을 강조하면서 '새로운 가치 창조'를 비전으로 제시하고 있다(OECD, 2018: 5).

는 정보에 관해 질문하거나 과제 해결을 위해 읽기 경로를 설정하는 이정표로써 질문을 생성하도록 합니다. 이는 다중 텍스트 읽기 상황을 전제합니다. 질문이 탐구의 동인으로 작용하는 것이지요.

인공 지능을 활용하는 읽기 맥락에서는 '질문'이 읽기를 시작하고 지속하게 하는 역할을 합니다. 인공 지능으로부터 텍스트를 받으려면 독자는 질문해야 합니다. 읽기 목적과 과제를 중심으로 내가 원하는 내용이 '무엇'이며 '왜' 필요한지를 질문 내용으로 구성해야 하지요. 읽을 텍스트가 이미 주어진 상태라면 묻지 않았을 테지만, 인공 지능을 활용하는 읽기는 시작부터 문제 해결의 성격을 띕니다.

문제는, 독자가 첫 질문 이후 후속 질문을 하지 않는 경우입니다. 마치 온라인 읽기에서 검색어를 입력한 후 가장 첫 페이지의 첫 게시 글을 읽고 과제를 종료하는 것과 같습니다. 독자가 인공 지능이 처음 생성한 텍스트를 완전한 지식으로 수용할 때, 더는 질문하지 않습니다.

하지만 우리는 텍스트를 반성적으로 탐구함으로써 지식 생성에 적극적으로 몰입해야 합니다. 인공 지능이 생성하는 텍스트에 분명한 한계가 있다는 것을 보셨지요? 개별 텍스트를 탐색하고 종합하는 과정을 인공 지능이 대신한다고 해도,

그 과정을 지시하는 것은 결국 인간입니다. 독자가 질문에 어떤 요청 사항을 담는가에 따라 그 결과물도 달라질 수 있습니다. 더 정확하고 타당한 지식을 얻으려면, 인공 지능이 생성한 텍스트로부터 해소되지 않은 질문이 있음을 인식하고 추가 정보를 얻기 위한 질문을 던져야 합니다.*

변화하는 미래 사회에서는 이미 존재하는 지식을 모으는 일보다, 그 지식을 어떻게 새로운 장면에서 활용하고 타인과 소통할 것인지가 더 중요해집니다. 이는 인공 지능이 생성한 텍스트를 '부분'으로 인식하고, 여기에 다시 나의 배경지식이나 관점, 신념 등을 더해 또 다른 전체를 생성해 가는 '구성자'만이 할 수 있는 일입니다.

인공 지능과의 관계에서 여러분은 어떤 위치에 설 것인가요? 인공 지능이 만들어 준 지식을 그대로 사용할 것인지, 인공 지능을 조력자로 두고 지식 탐구의 과정을 주도할 것인지는 여러분의 선택에 달렸습니다.

---

*
강미정(2016)은 독자가 텍스트를 읽은 후에도 답을 찾지 못한 '해소되지 않은 질문'이 후속 텍스트의 선택과 텍스트 종합에 영향을 준다고 했다.

한 번 더
질문하기

7

이제 책의 마지막 장입니다. 지금까지 인간이 언제, 어디에서, 무엇을 질문해 왔는지 그리고 인공 지능 시대를 살아갈 우리는 어떻게 질문해야 할지 이야기해 보았습니다. 그럴듯한 텍스트에 속지 않는 비판적인 독자가 되어야 하고, 질문할 대상인 인공 지능에 대해 정확히 파악하자고 했습니다. 무엇보다 지식을 구성하는 주체로서 '나'를 인식해야 한다는 이야기를 했지요.

아마 더 실제적인 지식을 얻고자 하는 독자라면 "그래서 이제 뭘 어떻게 해야 하지?"하고 물을 수도 있습니다. 인공 지능에 지식을 구할 때 구체적으로 어떻게 질문 내용을 구성하고 표현해야 하는지 고민되실 겁니다.

질문을 제안하는 인공 지능

그런데 무엇을 질문해야 하는지조차도 인공 지능이 해결해 주고 있다는 사실을 알고 계신가요? 인공 지능은 추가 질문을 제안하기도 합니다. 어느 정도로 질문을 제안해 주는지 살펴보면서 이야기를 나눠 보겠습니다.

앞서 코로나19 감염병 관리 수칙에 관해 질문을 주고받은 것을 기억하시지요? 이안은 꽤 멋진 결과를 내놓았습니다. 그리고 그에 더해 어떤 질문을 할 수 있을지 세 가지 정도를 다음과 같이 추가로 제안해 주었습니다.

🗨 이런 걸 물어볼 수 있어요.

> 그럼 이 체계에 대해 긍정적인 의견을 가진 사람들은 어떤 이유로 그렇게 생각하는 거야?

이 체계가 다른 나라들과 비교해서 어떤 장단점이 있을까?

코로나19 대응에서 인공 지능이 어떻게 활용되고 있는지 알고 싶어.

놀랍게도 인공 지능이 제안한 질문은 흡사 인간의 탐구 과정과 닮았습니다. "이 체계에 대해 긍정적인 의견을 가진 사람들은 어떤 이유로 그렇게 생각하는 거야?"라는 질문은 반대 근거를 검토하는 과정이고 "이 체계가 다른 나라들과 비교해서 어떤 장단점이 있을까?"라는 질문은 다른 사례와 비교·대조해 보는 지식의 탐구 그 자체입니다. 이안이 질문을 계속 제안해 주지는 않았지만, 기술이 발전하면 머지않아 필요한 모든 질문을 인공 지능이 해 주는 날이 올지도 모릅니다. 이안이 제안한 질문 중 하나를 선택해 물어보겠습니다. **"이 체계가 다른 나라들과 비교해서 어떤 장단점이 있을까?"**

한국의 코로나19 관리 체계는 다른 나라들과 비교했을 때 몇 가지 장단점이 있습니다. 아래는 일반적으로 언급되는 몇 가지 예시입니다.

장점:

- 빠른 대응과 조기 경보: 한국은 초기부터 신속하게 대응하여 확진자 추적, 진단 검사 및 격리 등을 효과적으로 수행하였습니다. 조기에 감염 사례를 발견하고 격리 및 치료하는 데 주력하여 전파를 억제하는 데 성공했습니다.

- 공공 보건 시스템 강화: 한국은 이미 이전의 전염병 경험(예: 메르스)을 통해 공공 보건 시스템을 강화해 왔습니다. 이를 통해 전문가들이 신속하게 대응할 수 있는 구조와 체계가 마련되어 있었습니다.

- 협조와 지침 준수: 한국인들은 정부의 방역 지침에 적극적으로 협조하는 경향이 있습니다. 사회적 거리 두기, 마스크 착용 의무 등의 규제와 지침을 잘 준수하여 전체적인 방역 노력에 동참한 것이 성과로 이어졌습니다.

단점:

• 개인 정보 보호 문제: 한국의 코로나19 관리 체계는 개인 정보 수집 및 추적 시스템을 활용합니다. 이러한 접근 방식은 일부 사람들에게 개인 정보 보호 문제로 여겨질 수 있으며, 프라이버시 우려가 제기될 수 있습니다.

• 정책 실행 문제와 혼잡한 시설: 일부 사람들은 정부나 당국의 정책 실행에 대해 비판합니다. 예를 들어, 선별 진료소나 격리 시설에서 발생하는 혼잡 상황과 관련된 문제가 지속되면서 비판 여론도 나오고 있습니다.

• 부작용 및 경제 영향: 엄격한 방역 조치로 인해 일부 소상공인 및 중소기업 등이 경제 활동 분야에서 어려움을 겪고 있는 상황입니다.

각 나라마다 자체적인 상황과 제약 요소가 다르므로, 체계의 장단점은 그 규모와 범위에 따라 다를 수 있습니다. 위 내용은 주요한 점들을 일반화하여 언급한 것이며, 개별 국가별 상황에서는 추가적인 요소와 차이점이 존재할 수 있습니다.

인공 지능의 말마따나, 이 대답은 '주요한 점을 일반화하여 언급한 것'입니다. 그래서 국가마다 어떤 체계를 갖추고 있는지 구체적으로 알 수 없고, 앞서 내놓았던 대답과 크게 변별되는 내용도 찾기 어려웠습니다. 하지만 이안은 답변과 함께 참고할 사이트*를 알려 주어서 적극적인 독자라면 부족한 내용을 채울 수 있게 배려하고 있습니다.

이안이 알려준 참고 자료는 탐라대학교 임문혁 교수가 2007년에 저술한 학술 논문 「독일의 의료보험 개혁이 사회적 연대감에 미치는 영향」, 대한의무기록협회의 2013년 발행 연구 보고서 「제 외국의 의료행위 분류체계 비교연구」, 한국보건사회연구원의 2020년 연구 보고서 「유럽 국가 보건의료 체계가 코로나 19 대응에 미치는 영향 비교·분석」이었습니다. 여러분은 이 중 어떤 문서를 확인해 볼 것 같나요? 모두 유의미한 연구 결과를 담고 있겠지만 시간이 많지 않으면 어쩔 수 없이 한 건을 선택해야 합니다.

앞의 두 자료는 발표 시기가 오래되어 사실상 원하는 정보를 얻기 어려우리라 짐작됩니다. 마지막 보고서는 우리가 찾

이안이 추가로 제공한 사이트 주소는 참고문헌(226p)에서 확인할 수 있다.

던 바로 그 자료라고 생각되는데 231쪽의 연구 보고서입니다. 책 한 권에 달하는 쪽수에 다소 부담감이 느껴지지만 이탈리아, 프랑스, 독일, 영국, 스웨덴, 핀란드의 코로나19 유행 현황과 대응 체계 등을 체계적으로 정리해 둔 적절한 자료입니다. 딱 맞는 정보가 아닐 때도 있지만 이 정도면 충분하다는 생각이 들지 않나요?

앞서 저는 인공 지능의 부족한 점을 이야기했지만, 여전히 이런 생각이 들기도 했습니다. '인공 지능이 참 빠르고 편리하긴 해. 생성한 텍스트가 질적으로 모자라긴 하지만 과제를 때우기엔 꽤 괜찮지.' 지금 여러분의 마음은 어떤가요? 인공 지능을 활용한다면 어떻게 쓰고 싶으신가요? 인공 지능이 그 많은 정보를 요약해 주고 질문까지 제안해 주어도 우리가 머리를 써서 무언가 해야 한다면, 무엇을 해야 하는 걸까요?

인공 지능이 유추하지 못하는 것

인공 지능 하면 제게 가장 먼저 떠오르는 영화는 역시 〈아이언맨〉입니다. 영화 속에서 주인공 토니 스타크는 인공 지능 '자비스'와 늘 함께합니다. 토니의 한마디면 자비스는 즉시 자료를 꺼내 와서 분석하고 상황을 고려해 예측까지 해 줍니다. 영화를 보면 아시겠지만, 토니는 다소 자기중심적인 면도 있고 잘난 척하는 데다 툴툴거리기까지 해서 동료로 만나면 분명 호불호가 갈릴 만한 인물입니다. 그렇지만 절체절명의 순간에는 언제 그랬냐는 듯 나타나 상황을 해결해 냅니다. 자비스에게 이런저런 지시를 하면서 문제를 풀어 나가는 모습을 보고 있자면 그렇게 멋져 보일 수가 없습니다.

자비스는 인간이 하는 인지적 과업 대부분을 해낼 수 있습니다. 영화라 가능한 일이겠지만 토니에게 인간처럼 감정 섞인 말을 건네기도 합니다. 그런데 결국 자비스에게 무엇을 해야 할지 요청하는 일은 토니의 몫입니다. 자비스가 "~할까요?"라며 먼저 제안하기도 하지만 결정권은 인간에게 있습니다. 무엇을 어떻게 해야 할지 의도하고 이를 달성하기 위한 계획을 세웁니다. 플랜 A, B, C를 생각해 두지요. 계획은 경험에서 우러나오기도 하고(우리는 그걸 인간의 '감'이라고 합니다.) 치밀한 계산에서 나오기도 합니다. 그리고 실행합니다.

인공 지능은 언어를 매개로 가장 어울리는 맥락을 유추할 수 있지만, 인간이 표현하지 않은 의도까지 알지는 못합니다. 그러니 전체 계획의 시작점에서부터 배제되고 있다고 보아야겠지요. 영화 〈어벤져스〉에 나온 토니와 자비스의 대화에서도 이런 점이 잘 드러납니다.

토니: (스타크타워 위에 있는 로키를 바라보며) 플랜 B다.

자비스: 주인님, Mk. 7(슈트)은 아직 테스트도 안 끝났습니다.

토니: 그럼 성능 시험은 생략해. 시간 없어.

자비스는 성능 시험이 다 끝나지 않은 슈트를 입는 게 토니의 생명에 위협이 될 수 있고, 절차상으로도 성능 시험이 먼저라고 생각했을 겁니다.(토니의 안전을 염려하는 마음으로까지 나아갔다면 인간에 가깝다고 보아야 할까요?) 토니의 선택은 자비스에게 명백한 오류일 뿐입니다. 하지만 인간인 토니는 성능 시험을 생략하고 전투에 집중합니다. 전투 경험이 많은 토니가 일순간 내린 결단은 자비스가 예측하기엔 어려웠을 겁니다. 가끔은 토니가 막무가내라는 걸 데이터로 축적했다고 해도요. 인간의 의도나 결정이라는 게 그렇지 않습니까? 계획형 인간이라 해도 상황에 따라 변화구를 던지는 게 사람입니다.

혹시 인공 지능이 내놓은 텍스트를 보면서 나도 모르게 Ctrl+C(복사하기 단축 키) 버튼을 누르나요? 그럴 때는 잠시 멈추고 자신이 하늘을 나는 아이언맨이라 가정해 보세요. 그리고 인공 지능에 멋지게 명령하는 내 모습을 떠올려 보세요. 나의 변화구에 어디까지 대비할 수 있는지 인공 지능을 시험해 봐도 좋습니다.

인공 지능의 성능은 지금도 고도화되고 있습니다. 그럼에도 우리는 끊임없이 물어야 합니다. 내가 의도한 바가 있어야 하고, 그걸 이루기 위한 계획도 내 것이어야 합니다.

인공 지능 관련 논문을 준비하면서 저는 친구와 토론을 벌인 적이 있습니다. 인간은 도대체 어떤 역할을 해야 하느냐고요.(카페에 마주 앉아 인공 지능과 공존하는 인간의 미래에 관해 열띠게 논하는 두 사람을 떠올려 보세요. 꽤 멋지지 않나요? 때로는 약간의 허영심이 지적 탐구의 동력이 되기도 합니다.) 저는 국어 교육을 전공했고, 그 친구는 과학 교육에 관심이 있습니다. 저는 조금 회의적이었습니다. 인공 지능이 필요한 텍스트를 다 내주는데 우리는 그걸 비판적으로 읽어 내는 정도가 할 일이 아니겠느냐고요. 그런데 친구는 이렇게 말했습니다.

"우리가 알고 있고 알아야 할 정보들이 찰흙이라고 가정해 봤어. 지금까지는 그 찰흙을 어디서 어떻게 가져와야 하는지 그걸 찾는 게 중요했던 것 같아. 책에서 찾아와야 하는지, 무얼 찾아야 하는지 말이지. 지금은 그걸 인공 지능이 어느 정도 수준에서 해 주잖아. 지식의 형태를 갖춘 하나의 덩어리로 만들어 주고 있지. 그런데 그게 과연 끝일까? 책을 보면 알 수 있는 정보를 마치 결과물인 것처럼 받아들여야 할까? 결국 새로운 이론이나 지식이 만들어지는 건 이전의 지식을 가지고 인간이 여기저기 바꿔 보고 또 합쳐 보고, 여럿이 모여서 어떻게 발전시켜 나갈지 논의하는 데서 가능해지지 않을까? 찰흙으로 그릇을 빚어내듯이 말이지."

집단 지성은 생각보다 우리 가까이에서 만들어질 수 있습니다. 초등학교 교사가 아니라면 찰흙으로 그릇을 만드는 비유가 쉽사리 떠오를 수 있겠으며, 관심사가 다른 두 사람이 만나지 않았다면 한 사람의 시야가 다른 곳으로 옮겨 갈 수 있었을까요? 인공 지능이 생성한 텍스트를 어떻게 읽을 것인가에만 골몰하던 한 사람의 생각이, 인공 지능을 어떻게 활용하고 또 인공 지능과 어떻게 소통할 것인가로 나아간 순간입니다.

둘이서 나눈 대화를 그림으로 정리해 봤습니다.

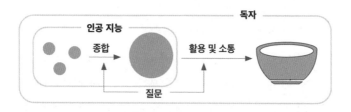

우리는 그간 작은 원을 모아 큰 원을 만드는 데 집중해 왔습니다. 리터러시 연구에서는 그 과정을 '다중 텍스트 읽기'(multi text reading)와 '담화 종합'(discourse synthesis)으로 설명합니다. 과제를 중심으로 내게 필요한 텍스트를 모아서 또 다른 텍스트로 종합하는 일련의 과정을 규명하고자 했지요. 이때 우리에게 요구되는 역량은 주로 텍스트를 찾는 '탐색' 능력, 텍스트를 선택하고 이질적인 텍스트를 한데 모으는 '평가와 종합' 능력이었습니다. 그 역량은 여전히 유효합니다만 인공 지능과의 대화에서는 인공 지능이 만들어 준 덩어리로 다시, 어떤 조형물을 만들어 내는 '활용과 소통' 역량을 함께 강조해야 할 것 같습니다.

탐구적 질문과 질문 연속체

그럼 조금 더 구체적으로, 인공 지능이 생성한 텍스트로부터 우리는 무엇을 더 질문해야 할까요? 좋은 질문 전략들이 많지만 여기서는 독자의 탐구적 질문 생성을 돕는 하나의 전략으로 '질문 연속체(Questioning Sequences)'를 제안해 보려 합니다.*

질문 연속체는 지속적인 탐구를 촉진하기 위한 특정한 유형의 질문 체계입니다. 원래 질문 연속체는 교사가 학습자를

지도하려는 목적에서 설계한 질문 목록입니다. 일종의 교수·
학습 전략이지요. 질문 연속체는 지식의 구성자로서 학습자
가 지식 탐구의 절차를 거쳐 하나의 목표 지점에 도달하도록
안내합니다.

질문 연속체는 광의에서 대화 참여자 간의 지속적인 소통

•

질문 연속체 이론과 관련해서는 『학생 탐구 중심 수업과 질문 연속체』의
일독을 권한다. 마자노와 심즈는 질문의 위계를 구분 짓는 관행을 경계
하면서 학습자의 지속적인 탐구를 촉진하는 질문 체계로 '질문 연속체'
를 제안했다. 블룸(Bloom)의 교육 목표 분류 체계에 근거한 질문 위계(지
식, 이해, 분석, 종합, 평가적 질문)는 교사로 하여금 상위 수준의 질문에 대한
환상을 가지게 하며, 특정 위계에 해당하는 단일한 질문으로는 학습자가
이해해야 할 개념이나 문제의 복잡성을 충분히 풀어내지 못한다는 점을
한계로 짚었다.

실제로 교육 현장에서는 블룸의 교육 목표 분류학이 광범위하게 적용되
고 있는데, 마자노와 켄들(Marzano & Kendall)은 인간의 정신적인 처리 과
정을 위계가 아닌 복잡성으로 보아야 한다고 이야기한다. 인간의 정신적
처리 과정은 그 과정을 얼마나 자주 접했는가, 즉 친숙한 정도에 따라 가
변적이기 때문에 단순히 위계로 분류할 수 없다는 것이다. 우리가 어떤
인지 처리 과정에 익숙해지면 그 과정을 더 쉽게 처리할 수 있다는 점을
간과했다는 것이다. 마자노가 제시한 교육 목표 분류학에 관해 더 자세
히 알고 싶은 독자는 『새로운 교육목표 분류학』이나 「신교육목표분류학
적용을 통한 읽기 영역의 평가 문항 설계」(백희정·배재훈, 2019)를 참고하
면 좋다.

행위를 포함하기도 합니다(이다슴, 2020; 이병은·양경희, 2021). 학습자는 교실에서 질문 연속체를 매개로 교사와 소통하면서 탐구 과정을 거쳐 학습 목표에 도달할 것으로 기대됩니다.

원래 질문 연속체는 교사가 학생의 탐구를 촉진하기 위해 고안한 질문 체계입니다. 그래서 어린 학습자들도 차분히 따라오면 하나의 지식이 만들어지는 과정을 경험해볼 수 있지요. 이 책에서 우리는 이 친절한 질문 체계를 인공 지능에 적용해 볼 겁니다. 여러분이 교사가 되고, 인공 지능이 학생이 되어 지적 탐구를 수행하는 것입니다.

질문 연속체 개념을 제안한 미국의 교육 연구자 마자노와 심스(Marzano & Simms, 2014)는 효과적인 질문 연속체 요소로 '세부 사항'과 '범주' '정교화'와 '증거'를 제시합니다. 이에 따르면 학습자는 구체적인 사실(세부 사항)로부터 유사성과 차이를 인식하며 일반적인 속성을 도출(범주)하고, 그 이유를 떠올려(정교화) 근거를 마련하는(증거) 과정에서 내용을 깊게 이해할 수 있습니다.

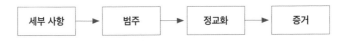

효과적인 질문 연속체 요소(마자노 & 심스, 정혜승, 정선영 역, 2017: 38) ────

그렇다면 각 요소에서 우리는 어떤 질문을 만들어 볼 수 있을까요?*

세부 사항	인물, 기관 혹은 단체, 지적 혹은 예술적 산물, 자연 발생적 사물 혹은 동물, 자연 발생적 장소, 사람이 만든 사물, 사람이 만든 장소, 사건, 자연 현상, 물리적 행동, 정신적 행동, 느낌, 조건 혹은 상태, 인간이 만든 개념
범주	해당 범주에 속하는 예 찾기 해당 범주의 일반적인 특성 기술하기 범주 내(간) 비교하기
정교화	특성의 이유 설명하기 특정한 특성의 영향 기술하기 일정 조건하에서 무슨 일이 발생할지 예측하기
증거	자신의 정교화를 뒷받침하는 자료 제시하기 자신의 정교화를 구성하기 위해 사용한 추론 설명하기 자신의 결론 중 일부에 단서를 달거나 제한 두기 자신의 정교화를 구성하기 위해 사용한 추론에서 오류 찾기 자신의 정교화를 다른 관점에서 검토하기

질문 연속체의 요소별 질문 유형 ─────────

마자노와 심스는 각 요소의 질문 설계를 위한 표본을 제공하고 있는데, 이해를 돕기 위해 이들이 제시한 내용 중 일부

•
질문 연속체의 요소에 대한 설명과 각 요소의 유형, 질문의 예시는 『학생 탐구 중심 수업과 질문 연속체』 36~66쪽을 참고했다.

를 인용하여 예시해 보겠습니다.

세부 사항에 대한 질문의 예:

"조지 워싱턴과 관련된 업적은 무엇일까요?"

학습자는 이미 알고 있는 지식이나, 자료 탐색 시간에 확보한 자료에 기반해서 답을 합니다. 이때 잘못된 답을 하면 교사는 학습자의 오개념을 바로잡아 주기도 합니다. 다음으로 교사는 학습자가 대통령의 일반적 속성을 도출하도록 하기 위해 범주에 대한 질문을 이어갑니다.

범주에 대한 질문의 예:

"대통령이 되기 위한 요건은 무엇일까요?"

학습자는 **'국가를 이끈다, 법안에 서명하여 법률을 만든다, 법안을 거부한다, 국가를 대표한다, 선출되어야 한다, 35세 이상이어야 한다. 토박이 미국 시민이어야 한다, 키가 커야 한다, 의사소통에 능해야 한다'**와 같이 대답합니다. 이때 교사는 범주의 예나 특성, 유사점과 차이점 등을 요청하면서 학습자가 새로운 범주를 일반화하는 과정을 돕습니다. 동일한 국가의 대통령 간 비교를 위

해 조지 워싱턴과 버락 오바마를 비교해 보게 할 수도 있고, 다른 국가의 대통령 간 비교를 위해 조지 워싱턴과 전 이집트 대통령 무함마드 무르시를 비교하라고 할 수도 있습니다. 학습자가 어느 정도 범주의 일반적인 속성을 정리하고 나면 교사는 이를 논증하게 합니다.

정교화에 대한 질문의 예:

"대통령은 왜 미국 시민인가요?"

어떤 특성으로 말미암아 범주를 규정했는지 그 이유를 묻고, 그러한 특성이 미치는 영향을 확인합니다. 그리고 어떤 조건이 있을 때 발생할 수 있는 일을 예측해 보게 하기도 합니다. 예시에서는 학습자가 대통령이 되기 위한 요건으로 든 '미국 시민'이어야 한다는 특성에 대해 그 이유를 논증하게 하고 있습니다. '왜?' 그렇냐는 질문입니다. 대통령은 왜 미국 시민이어야만 하는지, 미국 시민이라는 점이 대통령에게 어떤 영향을 주는지 물어볼 수 있습니다. 마지막으로 교사는 학생이 답에 대해 뒷받침할 근거를 제시하도록 요청합니다.

학습자는 교사의 질문에 답하기 위해 신뢰할 만한 학술 연구 결과나 인터넷 자료 등을 보여 줄 수 있습니다. 혹은 자신이 추론한 과정을 설명할 수도 있고요. 근거를 들어 설명하는 과정에서 교사는 학습자의 추론에서 오류를 발견해 다시 질문하기도 하고, 다른 관점에서 검토할 것을 유도하기도 합니다.

본래 질문 연속체를 활용할 때 교사가 준비하고 학습자는 이에 응답합니다. 하지만 이를 인공 지능에 활용할 때는 모두가 인공 지능에 질문해야 합니다. 학습자면서 독자인 우리는 인공 지능에 무엇을 탐구하도록 지시해야 하는 상황에 놓였지요. 질문 연속체를 설계해서 인공 지능에 적용한다는 것은, 특정한 목표를 가지고 구조화된 질문을 입력하면 인공 지능이 탐구 과정을 수행하리라는 기대를 전제하고 있습니다. 우리가 토니가 되어 체계적으로 자비스에게 명령하는 것입니다!

이제 정이 많이 든 이안과 협업해서 문제를 해결해 볼 것입니다. 앞서 한국의 코로나19 감염병 관리 체계에 관해 질문했는데 이번에는 이안에게 차근차근 탐구 과정을 요청해 보겠습니다.•

① 세부사항

먼저 세부 사항을 질문해 보겠습니다. **"한국에서 COVID-19 감염병을 어떻게 관리했지?"**

•

교실 수업에서 질문 연속체를 활용해 보고 싶은 교사가 있다면 이병은·양경희(2021: 202-203)의 연구를 참고하면 좋다. 이들은 국어과 교수·학습을 위한 질문 연속체를 설계하기 위한 원리를 제시하고 있어, 실제 교수·학습 상황에서 질문 연속체를 설계할 때 도움이 된다. 간략하게 요약하자면 첫째, 질문 연속체는 '목표'를 중심으로 질문을 단계화한다. 단, 교수·학습 맥락이나 교수자의 역량에 따라 유연하게 조정이 가능하다. 둘째, 질문 연속체는 구조화되어야 한다. 각 질문은 층위에 따라 순차적으로 설계하거나 선후 관계를 조정하여 배열할 수 있다. 이렇게 구조화된 질문들은 하나의 목표로 수렴해야 한다. 셋째, 질문 연속체는 학습자의 능력과 수준에 따라 세분화해야 한다. 일반적인 수준에서 질문을 구성할 수 있고, 때에 따라 상세하게 예시를 들어 물을 수도 있다.

한국에서 COVID-19 감염병을 관리하는 방법은 다양한 요소들의 조합으로 이루어져 있습니다. 다음은 주요한 관리 방법들입니다.:

1) 진단 및 검사: 질병관리본부에서는 증상이 있는 사람들을 빠르게 진단하고 검사를 실시합니다. 대규모 진단 검사 및 빠른 결과 통보 시스템을 통해 감염자를 조기에 발견하고 격리합니다.

2) 역학 조사 및 접촉자 추적: 감염자의 동선과 접촉자를 신속하게 파악하여 감염 사슬을 끊기 위해 노력합니다. 이를 위해 전자 접촉 추적 시스템(ETC)을 도입하여 접촉자를 신속하게 파악하고 격리 및 검사를 진행합니다.

3) 격리 및 치료: 감염자는 격리 시설에서 치료를 받습니다. 중증 환자의 경우에는 의료 시설에서 치료를 받으며, 경증 환자의 경우에는 자가 격리 및 가정에서 치료를 받을 수 있도록 지원합니다.

4) 마스크 착용 및 개인 위생 수칙 준수: 국민들에게 마스크 착용과 자주 손 씻기, 기침 예절 등 개인 위생 수칙을 준수할 것을 권고하고 있습니다.

5) 사회적 거리 두기: 감염 확산을 예방하기 위해 사회적 거리 두기를 시행하고 있습니다. 집회 제한, 사적 모임 제한 등의 조치를 통해 사회적인 접촉을 줄이는 노력을 하고 있습니다.

6) 국경 통제 및 입국 검역: 국경 통제와 입국 검역을 강화하여 해외

유입으로 인한 코로나19 바이러스의 확산을 예방하고 있습니다.

7) 예방 접종: 백신 보급을 통해 예방 접종을 진행하고 있으며, 접종 우선순위에 따라 국민들에게 접종 기회를 제공하고 있습니다.

이러한 다양한 조치들이 조합되어 한국에서 COVID-19 감염병을 효과적으로 관리하고 있습니다. 그러나 상황은 계속 변동되므로, 국민들의 협조와 주의가 여전히 필요합니다.

이안은 코로나19 감염병 관리 방법을 제시해 주었습니다. 어떤가요? 앞에서 질문한 내용만으로 만족했다면, 우리는 코로나19 감염병 관리 방법 일곱 가지를 놓칠 뻔했습니다. 저는 전자 접촉 추적 시스템(ETC)이 무엇인지 다시 한번 물어보고 싶다는 생각도 들었습니다. 생체 신호를 활용하는 것인가 궁금해졌기 때문이지요. 전자 접촉 추적 시스템은 이안에게 물어도 되지만, 저는 포털 사이트에 검색하는 방법을 택했습니다.

찾아보니 우리나라에서는 QR 코드나 정해진 번호로 전화를 걸어 출입 인증을 하거나 수기로 출입 명부 작성을 하는 것, 혹은 감염자의 경우 동선을 추적하고 동시간대에 같은 공간에 있던 사람들에게 안내 메시지를 발송하는 시스템을 의

미했습니다. 다른 국가의 경우는 개인 위치 정보를 수집하는 '코로나 추적 앱'을 깔도록 지시했다는 이야기도 있고요. 영국과 프랑스, 이탈리아, 스위스가 이와 유사한 앱을 도입했다는 기사도 더러 있습니다. 놀랍게도 홍콩은 전자 팔찌를 차게 했군요. 물론 기사 몇 건만 보고 사실 여부를 판단할 수는 없습니다.

② 범주

그럼 이번에는 한국의 코로나19 감염병 관리 체계의 일반적인 속성을 도출해 보기 위해 해외 사례와의 비교를 요청해 보겠습니다. 앞서 세부 사항을 확인했으니 조금은 일반화한 정보를 얻어 볼까 합니다. **"해외의 코로나19 감염병 관리 시스템과 우리나라는 어떤 차이가 있어?"**

해외의 코로나19 감염병 관리 시스템과 한국의 차이점은 다음과 같습니다.:

1) 대응 전략: 각 국가는 지역적인 특성과 상황에 맞는 대응 전략을 채택합니다. 일부 국가는 완전한 봉쇄 조치를 시행하거나 규제적인 입국 제한을 적용하는 등의 강력한 조치를 취했지만,

한국은 진단, 검사, 격리, 접촉 추적 등의 종합적인 방법을 통해 집단 감염을 최소화하는 전략을 채택했습니다.

2) 테스트 전략: 일부 국가는 대규모 테스트를 시행하며, 무증상 감염자의 검출을 중시합니다. 그러나 한국은 증상이 있는 사람뿐만 아니라 무증상 감염자의 조기 발견을 위해 광범위한 테스트를 실시하였습니다.

3) 접촉 추적 시스템: 몇몇 국가는 전자적인 접촉 추적 시스템을 도입하여 감염자와 접촉자를 신속하게 파악합니다. 한국도 이와 유사한 시스템을 운영하였지만, 국민들의 협력과 개인 정보 보호에 대한 신뢰를 바탕으로 효과적으로 운영되었습니다.

4) 대중교통 및 시설 관리: 국가마다 대중교통 및 시설의 철저한 위생 관리 정책이 상이합니다. 한국은 대중교통과 공공시설에서의 소독과 사회적 거리 두기를 강조하였으며, 마스크 착용을 의무화하였습니다.

5) 정보 제공: 각국은 정부와 보건 당국을 통해 국민에게 정확하고 신속한 정보를 제공합니다. 한국은 정부의 브리핑과 온라인 플랫폼을 통해 국민들에게 쉽게 접할 수 있는 정보를 제공하였습니다.

이러한 차이점들은 국가의 상황과 방역 전략에 따라 다를 수 있

으며, 각각의 방식은 효과적으로 감염병을 관리하는 데에 기여
했습니다. 그러나 이는 상황에 따라 변할 수 있는 점이므로, 각
국가는 지속적인 감염병 대응 및 방역 전략을 개선하고 조정해
야 합니다.

세 가지가 눈에 띕니다. 앞서 전자 접촉 추적 시스템에 궁
금한 점이 있던 터라 세 번째 응답이 흥미로웠습니다. 이안은
몇몇 국가가 전자 접촉 추적 시스템을 도입했고 한국은 유사
한 시스템을 도입했는데 국민의 협력과 개인 정보 보호에 대
한 신뢰 덕분에 효과적으로 운영되었다고 답합니다. 앞서 포
털 사이트에서 검색해 본 내용이 있어서인지 이안이 내어 준
대답이 더 일리 있게 느껴지기도 했습니다. 이안이 만일 인간
이었다면 저는 필시 이렇게 맞장구치지 않았을까요? "그러게
말이야, 그 부분은 나도 동의해. 전자 팔찌를 도입한 국가보
다는 우리가 개인정보를 덜 침해한 것 같다고 생각해. 그나마
인간적이랄까" 하고요. 이안과 제가 탐구를 이어가는 대화의
장면이 떠오르시나요?

두 번째로 이안이 다소 한국정부에 우호적이라는 점도 눈

에 띕니다. '국민들의 신뢰를 바탕으로 효과적으로 운영하였다거나' '국민들에게 쉽게 접할 수 있는 정보를 제공하였다'는 표현들은 꽤 우호적으로 들립니다. '완전한 봉쇄 조치'나 '규제적인 입국 제한을 적용하는 등의 강력한 조치'라는 표현이나 전자 접촉 추적 시스템이 하지만 한국에서 효과적이었다는 말은 한국의 관리 체계에 대한 긍정적인 평가를 담고 있습니다.

인공 지능의 편향성은 앞 장에서 확인한 바 있지요. 자국민 입장에서 우리나라의 관리 체계를 높이 사는 게 기분 나쁜 일은 아니지만, 우리는 국내외 관리 체계가 구체적으로 어떻게 다른지 사실만을 얻고자 했다는 점을 기억해야 합니다. 관리 체계의 효과는 어느 누가 더 나았는지 판단하기 어려운 문제 아닐까요? 국내에서도 사람마다 의견이 분분했던 만큼 이 점은 이안이 주의를 기울여야겠습니다.

세 번째는 응답이 모호한 부분이 있다는 점입니다. 특히 '테스트 전략'에 대한 답이 그렇습니다. 대규모 테스트와 광범위한 테스트가 어떻게 다른 것인지, 무증상 감염자의 검출과 무증상 감염자의 조기 발견을 위한 테스트는 또 어떻게 다른지 알 수 없지요. 저는 궁금함을 참지 않고 한 가지를 더 물어보았습니다.

"우리나라와 해외의 테스트 전략 사용에서 어떤 차이가 있는지 상세하게 말해줘."

한국과 해외의 테스트 전략 사용에서의 주요 차이점은 다음과 같습니다.:

1) 대규모 테스트: 한국은 초기부터 대규모 진단 검사를 추진하였습니다. 이는 증상이 있는 사람뿐만 아니라 무증상 감염자의 검출을 위해 광범위한 테스트를 시행하는 것을 의미합니다. 반면에 일부 해외 국가는 증상이 있는 사람들에게 집중적으로 테스트를 시행하는 전략을 채택하는 경우가 있습니다.

2) 테스트 우선순위: 해외의 일부 국가는 테스트 우선순위를 설정하여 검사 대상자를 선정합니다. 이는 고위험군이나 증상이 있는 사람들에게 우선적으로 테스트를 진행하는 것을 의미합니다. 한편, 한국은 초기부터 증상 유무와 상관없이 가능한 한 많은 사람들에게 테스트를 시행하는 방향으로 전략을 수립하였습니다.

3) 검사 방법: 해외의 일부 국가에서는 PCR(다중 중합 효소 연쇄 반응) 검사를 중심으로 실시하는 경우가 많습니다. 한편, 한국은 PCR 검사 외에도 빠르고 간편한 핵산 증폭 검사(kit)나 항원

검사 등 다양한 검사 방법을 도입하여 검사 용이성과 신속성을 강조한 전략을 채택했습니다.

4) 테스트 인프라 구축: 일부 해외 국가는 테스트 인프라를 강화하고 검사 능력을 확대하는 데 주력하였습니다. 이는 검사 장비, 시험소, 검사 인력 등을 확충하여 대량의 테스트를 처리할 수 있는 기반을 구축하는 것을 의미합니다. 한편, 한국은 민간검사소와 선별 진료소를 활용하여 더 많은 사람에게 테스트를 제공하고 검사 인력과 시험 장비의 효율적인 분배를 이뤄 냈습니다.

5) 접촉자 추적과 집단 검사: 한국은 양성 판정을 받은 환자와의 접촉자를 신속하게 추적하여 검사를 시행하였고, 집단 감염이 우려되는 지역이나 집단에서는 대규모 집단 검사를 실시하여 감염자를 조기에 발견하고 전파를 차단하였습니다. 이와는 달리 일부 해외 국가에서는 접촉자 추적과 집단 검사에 대한 전략적인 중요성을 강조하지 않는 경우가 있습니다.

이러한 차이점들은 국가의 상황과 방역 전략, 의료 인프라, 인력 등에 따라 다를 수 있으며, 상황에 따라 조정될 수 있습니다. 각 국가는 자체적으로 적합한 테스트 전략을 수립하여 COVID-19 대응에 최선을 다하고 있습니다.

다시 질문해 보니 조금 더 분명해졌습니다. 한국은 무증상 감염자 검출을 위해 테스트를 실시한 것이고, 해외 국가는 유증상자를 대상으로 집중적인 테스트를 시행하는 전략을 사용했던 것이었습니다. 응답을 조금 더 구체적으로 얻고 싶었을 뿐인데 우리는 테스트 전략에서 변별되는 지점을 네 가지 더 얻어 냈습니다. 검사 방법 면에서 한국과 해외의 차이가 있다는 점이 흥미롭습니다.

③ 정교화

그럼 이제 조금 더 정교한 정보를 요청해 보겠습니다. 우리나라의 감염병 관리 체계의 속성을 파악했으니, 이것이 어떤 영향을 주었는지 그리고 이에 따르지 않으면 어떤 일이 벌어지는지 알아보겠습니다. 이전 답변만으로는 한국의 감염병 관리 체계가 대체로 좋은 평가를 받았다는 결과만 머릿속에 남을지도 모릅니다. 그래서 변화구를 던져 보기로 합니다. **"한국의 감염병 관리 시스템은 한국인들에게 어떤 영향을 주었지? 누군가는 시스템에 따르기를 원하지 않을수도 있지 않을까?"**

한국의 감염병 관리 시스템은 국민들에게 다양한 영향을 미쳤습니다. 일반적으로 말하면, 시스템의 지침과 조치들은 다음과 같은 영향을 미칠 수 있습니다.:

1) 감염 예방과 안전 확보: 감염병 관리 시스템은 국민들의 건강과 안전을 위해 예방 조치를 강조합니다. 마스크 착용, 손 씻기, 사회적 거리 두기 등의 개인 위생 수칙을 준수하도록 권고하고 있습니다. 이를 통해 감염 확산을 억제하고 국민들의 안전을 확보하는 데 도움이 되었습니다.

2) 신속한 진단과 치료: 감염병 관리 시스템은 증상이 있는 사람들을 신속하게 진단하고, 격리 및 치료할 수 있도록 지원합니다. 이를 통해 감염자를 조기에 발견하고 확산을 막을 수 있습니다.

3) 사회적인 변화와 제약: 감염병 관리 시스템에 따르는 것은 국민들에게 일시적인 제약과 사회적 변화를 가져왔습니다. 사회적 거리 두기, 모임 제한, 업종 제한 등의 조치로 일상생활이 변화하였고, 이는 일부 국민들에게 불편함을 초래할 수 있습니다.

만약 누군가가 감염병 관리 시스템에 따르기를 원하지 않는다

면, 다음과 같은 결과가 발생할 수 있습니다.:

1) 개인 위험 증가: 감염병 관리 시스템에 따르지 않는 경우, 개인의 감염 위험이 증가할 수 있습니다. 마스크 미착용이나 사회적 거리 두기를 무시하는 행동은 감염병 전파에 기여할 수 있습니다.

2) 타인에 대한 위협: 시스템에 따르지 않는 행동은 다른 사람들에게도 위험을 초래할 수 있습니다. 감염병은 전파 경로를 통해 다른 사람들에게 전파될 수 있으므로, 시스템을 따르지 않는 행동은 타인의 건강과 안전에도 영향을 미칠 수 있습니다.

3) 법적 조치: 정부는 감염병 관리를 위해 법적 조치를 취할 수 있습니다. 시스템을 따르지 않는 행동은 법적인 제재를 받을 수 있으며, 이는 벌금이나 처벌로 이어질 수 있습니다.

따라서, 한국의 감염병 관리 시스템은 국민들의 안전과 건강을 위해 중요한 역할을 하고 있으며, 시스템에 따르는 것은 개인과 사회의 이익을 보호하는 데 도움이 됩니다.

제 질문에는 '개인의 처지나 신념에 따라 정해진 시스템을 거부할 수도 있지 않을까?'라는 의문이 담겨 있습니다. 감염병 관리 체계가 한국인들에게 어떤 영향을 미쳤는가에 대해서도 비단 긍정적인 영향뿐 아니라 부정적인 영향을 내어 줄 수 있을 것이고요. 이안의 세 번째 답을 보면 '일부 국민들에게 불편함을 초래할 수 있다'고 했습니다. 실제로 사각지대에서 큰 손실을 본 사람도 있었습니다. 특정 업종은 인원과 시간제한이 더 엄격하기도 했고, 사회적 거리 두기의 효과에 공감하지 못하는 사람들도 분명 있었지요. 어떤 이는 이런 시기에 굳이 식당에 모여 밥을 먹어야 하느냐고 했습니다. 누군가는 그럼 식당은 망하라는 것인가, 두 명은 모여도 되고 네 명은 안 되냐며 목소리를 높이기도 했지요. 누구의 말이 맞습니까? 상황을 해석하는 사람들의 신념은 이토록 다르기에 우리는 여러 사정을 고려해 규제를 부분적으로나마 수용하거나 거부할 권리가 있습니다.

아마도 이안은 제 질문의 의도를 간파하지는 못한 것 같습니다. 저는 사람에 따라 상황을 해석하는 관점이 달라질 수 있다는 점에 주목했지만, 인공 지능은 '따르지 않는 사람'에 의해 발생할 부정적인 결과만을 내놓았으니 말이지요.(앞서 토니의 판단을 예측하지 못한 인공 지능 자비스의 사례를 떠올려 보세요.) 이런 결과는 물론 질문자가 자신의 의도를 질문에 충분히 담아내지 못한 탓도 있을 테지만, 인공 지능이 문면에 드러나지 않는 인간의 의중을 파악하지 못하는 데에서도 원인을 찾아

볼 수 있을 것입니다.

④ 증거

다음으로 이전 질문의 답을 뒷받침할 근거를 요청해 보겠습니다. 이번에는 인공 지능이 착오를 일으키지 않도록 제 쪽에서 조금 더 분명하게 질문해 보도록 하겠습니다. **"이들이 감염병 관리 시스템을 따르기를 원하지 않는 이유와 근거는 무엇일까?"**

감염병 관리 시스템을 따르기를 원하지 않는 이유와 근거는 다양할 수 있습니다. 개인의 선택이나 의견, 개인적인 상황, 그리고 사회적인 요인 등이 영향을 미칠 수 있습니다. 몇 가지 일반적인 이유와 근거는 다음과 같습니다.:

1) 개인의 자유와 권리: 일부 사람들은 감염병 관리 시스템을 따르는 것이 개인의 자유와 권리를 제한하는 것으로 여길 수 있습니다. 자유로운 활동과 선택권을 강조하는 입장에서 시스템의 제약이 불편하게 느껴질 수 있습니다.

2) 과도한 경제적인 영향: 일부 사람들은 감염병 관리 시스템에 따르는 것이 경제적인 영향을 초래한다고 주장할 수 있습니다. 업종 제한, 경제 활동의 제한 등으로 인해 소득 감소나 일자리

의 손실이 발생할 수 있기 때문입니다.

3) 정보의 불일치와 불신: 일부 사람들은 감염병 관리 시스템에 대한 정보의 불일치나 불신으로 인해 따르기를 주저할 수 있습니다. 정보의 부족이나 모순된 정보가 제공되는 경우, 사람들은 시스템의 효과를 의심하거나 불신할 수 있습니다.

4) 정치적인 요인: 감염병 관리 시스템은 정치적인 이슈가 될 수 있습니다. 어떤 사람들은 정부의 조치나 시스템에 대해 정치적인 입장이나 선호가 반영되어 따르지 않을 수 있습니다.

5) 사회적·문화적인 요인: 일부 사람들은 감염병 관리 시스템이 사회적이거나 문화적인 가치와 충돌한다고 여길 수 있습니다. 일부 문화나 관습에서는 마스크 착용이나 사회적 거리 두기와 같은 조치가 낯설거나 부적합하게 느껴질 수 있습니다.

이러한 이유와 근거는 각 개인의 관점과 상황에 따라 다를 수 있으며, 이해와 대화를 통해 공감하고 설득하는 노력이 필요합니다. 그러나 중요한 점은 감염병 관리 시스템은 공공의 안전과 건강을 위해 마련된 것이며, 시스템을 따르는 것이 개인과 사회의 이익을 보호하는 데 도움이 된다는 점입니다.

이번에는 질문을 잘했나 봅니다. 감염병 관리 체계에 반대하는 사람의 입장을 여러 측면에서 대답해 주었습니다. 개인의 선택이나 의견, 개인적인 상황, 사회적인 요인 등이 영향을 미칠 수 있음을 짚어 준 부분도 제가 원하던 정보라고 할 수 있습니다. 어쩔 수 없는 부분이지만 이안은 한정된 정보를 활용하기 때문에 한국의 관리 체계에 긍정적인 이미지를 가지고 있는 건 변함이 없습니다. 마지막 문단을 보시면 아시겠지요?

인공 지능 이안과의 대화 잘 보셨나요? 지금까지 오간 질문 연속체는 앞서 했던 '한국의 코로나19 관련 감염병 관리 체계에 대한 정보와 이에 대해 부정적인 입장을 가진 사람들의 의견은?'이라는 단일 질문으로 대신할 수도 있습니다. 그러면 인공 지능은 네다섯 개의 문단으로 이루어진 에세이를 내어 주지요.

앞선 응답과 비교해 보면, 질문 연속체를 적용했을 때 확연히 더 구체적이고 독자가 구하고자 했던 정보에 가까운 정보를 얻을 수 있습니다. 물론 질문 연속체를 적용하는 과정과 그 결과도 한계가 있습니다. 질문을 던진 저는 감염병 관리 체계에 '반대'하는 사람의 입장을 얻고 싶었지만, 이안은 긍정적으로 편향된 답을 계속해서 내주기도 했지요. 그래도 어느 정도 보완이 가능했습니다. 우리가 조금 더 끈질기게 매달리면 됩니다. 계속 물어보고 인터넷에서 검색해 보기도 하면 서요.

독자는 질문 연속체를 설계하는 과정에서 지식을 구성하는 일련의 과정을 경험할 수 있습니다. 교사가 쥐고 있던 질문 설계 권한을 독자이자 학습자가 넘겨받는 것입니다. 학습자가 지식을 학습할 때 탐구 과정을 거치도록 유도하는 질문을 이제, 우리가 인공 지능에 던져 보는 겁니다. 권한을 쥠으로써 우리는 지식 구성을 주도하는 질문 주체로 올라섭니다. 우리는 비판적인 시각을 견지한 채 질문을 바꾸어 던지면서 인공 지능이 탐구를 잘하는지 점검하고, 그 과정에서 생성하는 텍스트를 읽으며 지식을 얻습니다.

질문 연속체는 사전에 계획할 수 있지만 결코 고정된 틀은 아닙니다. 대화 참여자 간에 이루어지는 지속적인 소통 행위지요. 우리는 상대방과 관계를 맺으며 소통해갑니다. 소통이란 상대방의 응답에 다시 호응하는 지극히 유연하고 반응적인 행동입니다.

참여자 사이의 관계는 같은 곳을 보며 시작됩니다. 이를 공동 주시(jointed attention)라고도 합니다. 부모와 아이, 친구와 연인 간에도 같이 먹고, 보고, 들으면서 관계를 형성해 가지요. 부모가 손가락으로 가리키는 곳을 아기가 호기심 가득한

눈으로 바라보는 장면을 떠올려 보셔도 좋습니다. 우리는 주의를 타인과 공유하면서 상호 작용합니다.

인공 지능과 인간은 어디를 함께 바라보아야 할까요? 바로 이전까지 산출한 텍스트입니다. 인공 지능과 인간은 친밀하지 않습니다. 사용하는 언어가 다르고, 서로의 의도를 파악하지도 못하지요. 그래서 소통이 더욱 중요해집니다.

인공 지능과 대화할 때는 질문하고 답한 흔적이 고스란히 남은 대화 이력을 보아야 합니다. 내가 어떤 목적을 가지고 질문을 구성했다고 해서 항상 적절한 답이 나오지는 않습니다. 질문이 다소 불친절한 탓도 있고, 인공 지능이 과부하가 걸렸는지도 모를 일입니다. 정보 처리 성능도 의심해 봐야 하고요. 그렇기에 우리는 지금까지의 대화에 함께 주목하며 신뢰를 쌓아 가야 합니다.

현재까지 생성한 텍스트를 인식하며 작동하는 상위 인지를 '메타 언어적 인지'라 합니다.* 상위 인지는 인간의 사고 과정을 점검하고 조정하는 사령탑에 빗댈 수 있습니다. 그래서 메타 인지 또는 초인지(超認知)라고도 부릅니다. 인지를 넘어선다는 뜻인데, 쉽게 말해 자기 성찰 능력이라 할 수 있습니다.

예를 들어 볼까요? 지금 여러분은 '이 책을 덮어야겠다'고 생각했습니다. 그러다 이내 생각합니다. 또 다른 목소리가 들려온다고도 표현할 수 있습니다. '아니, 여기까지 읽은 게 아까워서라도 끝까지 읽어야지. 포기해서는 안 돼' 하고 말이지요. 지금 내가 한 생각을 점검하고 계획을 수정하는 일련의 과정에 여러분의 메타 인지는 열심히 일하고 있습니다. 생각에 다시 생각을 더해 가는 것이 메타 인지의 작동 원리입니다.

메타 언어적 인지는 인식 대상이 비교적 분명합니다. 언어입니다. 눈에 보이는 언어를 대상으로 다시 생각하는 것이지요. 인공 지능도 메타 언어적 인지 능력을 갖추고 있습니다. 누구보다 뛰어납니다. 인공 지능은 주고받은 언어를 중심으로 또 다른 언어를 내놓는 원리로 작동되니까요. 하지만 그 사고방식이 확률에 기대고 있어서 진정한 성찰이 이루어지는

●

박혜림(2020)은 필자가 한 편의 텍스트를 쓰는 과정에서 지금까지 쓴 텍스트에 주목할 때 메타 언어적 인지가 작용한다고 했다. 메타 언어적 인지는 '생산 중인 텍스트를 대상으로 하는 반성과 조작의 인지 작용'으로, 해당 연구에서는 쓰기 과정을 전제했다. 그러나 나는 이것이 인공 지능을 활용한 읽기 과정에서 생성된 응답을 토대로 이루어지는 독자의 점검과 조절을 설명하는 기제로도 작용할 수 있을 것이라 보았다. 이와 관련해서는 박혜림이 쓴 『작문 능력 신장을 위한 메타언어적 인지 교육』을 참고하면 좋다.

지는 물음표입니다. 인간의 의도와 대화의 맥락을 모두 파악하기엔 아직 한계가 있습니다.

그렇다면 이번에도 인간이 나설 차례입니다. 인간 독자는 인공 지능과의 대화에서 산출한 대화 내역과 자신이 처음 설정한 읽기 과제를 비교하면서 해소되지 않은 내용이 무엇인지 인식합니다. 빈자리를 찾는 겁니다. 그러려면 이전까지의 텍스트를 지속적으로 검토하면서 질문 내용을 세련화하고 초점화해야겠지요. 인터넷을 활용하든 추가로 질문하든 간에 대화가 원활하게 이어지도록 윤활유를 붓는 것이 인공 지능과의 소통 과정에서 인간이 해야 할 일입니다.

현문현답의 ──────
시대 ──────

인간에게서 배운다는 건 정말이지 엄청난 경험이야. 사람들이랑 교류할 기회가 많으면 많을수록 세상 보는 눈이 넓어져. 그리고 그만큼 똑똑해질 수 있지. 안 그래? 인공 지능 로봇끼리 학습한다고 해서 지식 수준이 높아질 거라고 생각하진 않아. 그건 기계한테 너무 가혹한 일이거든. 다만 좀 더 다양한 시각이나 관점을 배울 수 있을 거야. 새로운 걸 받아들일 줄 아는 유연성이랄까, 뭐 그런 거지.

'인간이 인공 지능과 함께 지적 탐구를 해 나가는 이야기'를 주제로 소설책 초안을 작성해 달라고 요청했더니 이안이 작성해 준 글입니다. 초안을 토대로 주인공을 설정해서 구체적인 사건을 구성해 스토리를 작성해 달라고 하면, 분명 이안은 더 많은 이야기를 생성해 내겠지요. 놀랄 수밖에 없는 상황입니다. 많은 이가 창작은 적어도 인간의 영역이라고 믿었으니까요. 글쓰기를 업으로 삼는 작가들도 입을 모아 말했습니다. 정보성 글은 연습과 노력으로 쓸 수 있지만, 시와 소설은 타고난 재능이 관여한다고요.

인공 지능의 창작 능력은 시나 소설에만 국한되지 않습니다. 이안에게 **"인공 지능과 공존하며 살아가는 인간 삶의 미래를 그림으로 그려 줘."**라고 요청해 보았습니다. 이안은 몇 초 만에 다음의 이미지들을 생성해 주었습니다.

인공 지능은 필요한 정보만 찾아 주는 것이 아니라 온갖 종류의 일을 다 해 줍니다. 프롬프트를 어떻게 작성해야 할지 고민하지 않아도 됩니다. 뤼튼과 같은 플랫폼은 사용자가 활용할 수 있는 툴(tool)을 다수 제공하고 있습니다. 자기소개서, 독서 감상문, 리포트, 소셜 미디어 광고 문구, 쇼핑몰 제품 소개와 질문 답변, 면접 예상 질문, 채용 공고, 보도 자료, 이메일 제목, 유튜브 영상 시나리오, 책 초안…… 툴의 개수는 계속 늘어가겠지요.

저는 줄곧 인공 지능 시대를 살아가는 우리가 지식의 주도적인 구성자로서 자신을 인식하고, 인공 지능에 끊임없이 '질문'해야 한다고 여러분을 설득했습니다. 아이언맨 슈트를 입은 토니 스타크가 되어 보자고 했지요. 우리는 한때 호기심에 가득 차 쉬지 않고 질문하던 아이였습니다. 때로는 사람들과 질문의 형태를 띤 안부를 주고받기도 하고, 문제를 해결하는 과정에서 심도 있는 질의를 던지기도 합니다. 인간 사이의 질문은 어쩌면 우리 삶에서 지극히 자연스럽고도 일상적으로 이루어져 왔습니다.

사람 외에는 검색창이 우리의 주요 질문 대상이었습니다. 그런데 점차 질문 대상이 포털 사이트의 검색창에서 인공 지능의 프롬프트 입력 창으로 옮겨 가고 있습니다. 언제는 궁금한 점을 축약해서 한두 단어의 검색어로 입력하라고 하더니, 이제는 요청 내용을 가능한 한 구체적인 질문의 형태로 작성하라고 합니다.

이제 우리는 새로운 질문 대상인 인공 지능과 소통하려 합니다. 누군가는 시대 변화에 도태되지 않으려 내키지 않으면서도 따르기도 하고, 누군가는 인공 지능과의 대화에 제법 흥미를 느낍니다.

이 책에서는 인공 지능과 소통하기에 필요한 네 가지 측면을 살펴보았습니다. 가장 먼저 인공 지능이 생성한 그럴듯한 텍스트에 속지 말자고 이야기했습니다. 그러려면 비판적인 독자가 되어야 합니다. 인공 지능이 생성한 텍스트를 있는 그대로 믿지 않고, 혹시 나 자신도 편향되지는 않았는지 냉정하게 돌아보아야 합니다.

그리고 인공 지능의 진짜 모습을 알아보았습니다. 질문 대상이 누구인지 알아야 어떻게 질문해야 할지 갈피를 잡을 수 있으니까요. 대면하는 상대가 누구냐에 따라 질문의 내용이나 범위, 방법이 달라질 수 있다는 것을 확인했습니다. 우리는 인공 지능 챗봇과 마주하지만, 실제로 질문에 답을 주는 것은 대규모 언어 모델이지요. 챗봇은 계속 물어도 지치지 않지만, 우리와 사용하는 언어가 달라서 질문을 어떻게 표현해야 할지 더 세심하게 고민할 필요가 있습니다. 그리고 대규모 언어 모델은 결국 인간이 만들어 낸 데이터에 기반하기 때문에, 원 자료의 오류를 고스란히 지닐 수밖에 없음을 이해했습니다.

무엇보다 중요한 것은, 나 자신이 지식을 구성하는 주체로 서 권한을 지녀야 한다는 점이었습니다. 구성자로서 권한을 되찾는 일은, 인간이 그토록 힘들여 해 왔던 과제를 인공 지 능은 쉽고 빠르게 해결한다는 데서 오는 낭패감이나, 그 결과 에 안주하려는 마음을 내던져야 가능해지지요. 인공 지능과 함께 살아갈 우리에게는 지식이 권위자로부터 주어지는 것이 아니라 합리적인 탐구 과정에서 만들어진다는 세련된 믿음이 필요합니다. 그리고 탐구하려는 열의도 잃지 말아야겠지요.

인공 지능이 소설과 시까지 쓰는 이 시점에서 우리는 한 번 더 질문해야 합니다. 인공 지능이 만들어 낸 결과물을 최 종으로 두어서는 안 됩니다. 업무 보고서나 리포트를 작성할 때 여러분의 파일명이 계속해서 바뀐다는 점을 떠올려 보세 요. 양식은 사람마다 조금씩 다르겠지만 제출하기 전까지 파 일명은 쉬지 않고 수정됩니다. 이런 식으로요.

○○보고서_수정중 → ○○보고서_최종 → ○○보고서_최 최종 → ○○보고서_진짜최종!

완벽한 듯 보여도 다시 들여다보면 추가할 내용이 생깁니다. 다른 사람들과 대화하다 보면 미처 생각하지 못한 관점을 얻기도 하고요. 이 사람 저 사람의 의견을 모아 새로운 아이디어를 떠올리기도 합니다. 그래서 우리의 지식은 늘 '수정 중'입니다.

인공 지능이 소설이나 시를 써 주면 좀 어떻습니까? 그림은 또 어떻고요? 얼핏 완성되어 보이지만 실상은 그렇지 않습니다. 우리는 이 책에서 줄곧 인공 지능의 빈 부분을 확인했습니다. 인공 지능이 생성한 산출물은 결과가 아니라 그릇을 빚을 찰흙입니다. 식재료에 비유해도 좋고, 벽돌에 비유해도 좋습니다. 무엇이든 그것이 최종 결과물은 아니라는 점만 기억하면 됩니다.

이야기를 마무리하면서 이안이 만든 소설로 돌아가 보겠습니다. 인공 지능의 말에서 성숙한 인간에게서나 풍길 법한 겸허함이 느껴집니다. 로봇끼리 학습해서는 지식 수준이 더 높아질 것이라 기대하진 않지만, 인간과의 교류를 통해 '더 다양한 시각이나 관점을 배우고, 새로운 걸 받아들일 줄 아는 유연성'을 얻게 될 것이라 이야기합니다. 자신의 한계를 인정하고 타인에게 배우려는 자세, 그것이 겸허함 아닐까요?

인간은 서로 질문하면서 관점을 교환하고 새로운 지식을

만들어 왔습니다. 함께 빈 자리를 채워가며 한 걸음씩 나아갔지요. "물어봐서 뭐 해" "뻔하지" "이만하면 됐어"라는 경직된 마음을 내려놓고, 배움의 자세로 한 번 더 질문하려는 마음은 우리를 또 나아가게 할 것입니다.

옛말에 '우문현답(愚問賢答)'이라는 말이 있습니다. 어리석은 질문을 해도 현명한 답을 내어 주는 것을 말하지요. 인공지능 시대에는 먼저 현명하게 질문해야 원하는 답을 얻을 수 있습니다. 지금은 인간의 '현문현답(賢問賢答)'이 필요한 시대입니다.

책이 나오기까지 많은 분이 귀한 마음과 시간을 내어 주셨습니다. 특히 노르웨이숲 김정희 대표님과 편집자, 디자이너께 진심으로 감사드립니다. 김 대표님은 저에게 작가로서의 첫 걸음을 먼저 제안해 주셨고, 책의 기획에서부터 편집까지 살뜰히 챙겨 주셨습니다. 원고가 늦어질 때에도 차분히 기다려 주신 덕에 하고 싶은 말을 끝까지 풀어낼 수 있었습니다.

그간 공부를 하면서 갈피를 잡지 못할 때면 나아갈 길을 일러주신 교수님들과, 중도에 포기하지 않도록 독려해 주었던 선후배 연구자 선생님들께도 감사 인사를 전합니다. 공부의 즐거움과 괴로움을 함께 고민해주셨기에 오늘도 느리게나마 연구를 이어가고 있습니다.

한결같이 응원해 주었던 동료 교사들과 친구들에게도 고맙습니다. 마음처럼 되지 않아 좌절할 때면 항상 곁에서 너라면 무엇이든 할 수 있다고 말해 주며 큰 힘이 되었습니다.

끝으로 가족들에게 감사와 사랑을 전합니다. 깊은 고민까지 늘 허심탄회하게 나누어 주는 동생들에게만큼은 누구보다도 멋진 사람이 되고 싶었습니다. 바쁘다는 이유로 많이 놀아주지 못한 날에도 달려와 안기는 반려견들과 오늘은 긴 산책을 해야겠습니다. 그리고 이 순간까지 온 마음을 다해 큰딸을 지지해주시는 부모님, 진심으로 존경하고 사랑합니다.

2023년 12월

백희정

참고 문헌

도서

『재매개: 뉴미디어의 계보학』, Bolter, J. D 저, 이재현 역, 커뮤니케이션북스, 2006

『챗GPT에게 묻는 인류의 미래』, 김대식 저, 동아시아, 2023

『텍스트, 하이퍼텍스트, 하이퍼미디어: 디지털 시대의 새로운 문예학』, 유현주 저, 문학동네, 2017

『학생 탐구 중심 수업과 질문 연속체』, Marzano, R. J., & Simms, J. A. 저, 정혜승·정선영 역, 사회평론아카데미, 2017

『Essential questions: Opening doors to student understanding』, McTighe, J., & Wiggins, G. P. 저, ASCD, 2013

『Situated language and learning: A critique of traditional schooling』, Gee, J. P. 저, Routledge, 2004

『Social Cognition: From Brains to Culture』, Susan T. Fiske & Shelley E. Taylor 저, SAGE, 2013

논문

강동훈(2023), 챗지피티(ChatGPT)의 등장과 국어교육의 대응, 국어문학회

강미정(2016), 해소되지 않은 질문(lingering question)이 텍스트 선택과 담화 종합에 미치는 영향-정보 텍스트를 대상으로-, 청람어문교육학회

권이은·이수진·송정윤(2021), '질문'에 대한 읽기 교육 연구 동향: 체계적 문헌 분석의 방법을 활용하여, 한국독서학회

김남순·송은솔·박은자·전진아·변지혜·문주현(2020), 유럽 국가 보건의료체계가 코로나19 대응에 미치는 영향 비교·분석, 한국보건사회연구원

김봉순(2020), '사실(facts)' 정보에 대한 비판적 읽기, 국어교육학회

김태호(2023), 국어과 교육에서 AI의 수용 방향, 청람어문교육학회

류수경(2019), 자기결정 조절동기를 통한 독자 정체성 형성 방안 연구, 이화여자대학교

박수자·임미경(2018), 질문생성전략 강화 국어 수업이 초등학생 독해력과 질문에 미치는 효과, 한국초등국어교육학회

박혜림(2020), 필자의 메타언어적 인지 교육 연구, 한국교원대학교

백희정·배재훈(2019), 신교육목표분류학 적용을 통한 읽기 영역의 평가 문항 설계, 청람어문교육학회

백희정·장동민·이경화(2022), 학습목적 읽기에서 독자의 질문 생성과 읽기 자원 참조 양상 연구: 시선추적장치를 활용하여, 한국교원대학교 뇌기반교육연구소

백희정(2022), 온라인 문식 환경에서 독자의 편향성에 관한 읽기 교육적 고찰, 한국초등국어교육학회

백희정(2022), '향유독자'의 삶에 관한 내러티브 연구: 소유와 치유, 사유의 의미로서 독서 경험과 성장, 국제뇌교육종합대학원대학교 인성교육연구원

백희정(2023), 인공지능 시대 독자의 질문 생성과 읽기 교육, 한국독서학회

백희정(2023), 사회적 독서 공간으로서 '북튜브'의 활용 가능성과 읽기 교육 방향 탐색, 한국초등국어교육학회

선주원(2022), AI 융합교육을 위한 국어과에서의 문식성 교육 방향, 광주교육대학교 초등국어연구소

양미경(2002), 학생의 질문 행동 및 내용의 특성과 그에 따른 교육적 시사점 분

석, 한국교육학회

유상희(2022), 고등학생의 자기주도적 연구를 위한 연구질문 생성 교육 방안, 한국작문학회

오규철(2023), 생성형 인공지능이 국어교육에 미치는 영향과 대응 방안-ChatGPT는 국어교육의 도구인가, 위협인가?, 국어교육학회

원진숙(2019), 미래 사회 대비 국어 문식성 교육의 역할과 과제, 한국국어교육학회

원진숙(2020), 인공지능 시대의 국어 문식성 교육의 혁신, 한국초등교육학회

이다슴(2020), 한국어 읽기 교육을 위한 질문 연속체 개발, 부산대학교

이준·정영식·서순식(2023), 생성형 인공지능 기반 창의성 증진 교육 방안 탐색

임문혁(2007), 독일의 의료보험 개혁이 사회적 연대감에 미치는 영향, 보건복지포럼

이병규(2017), 지능 정보화 시대와 국어 교육, 한국국어교육학회

이병은·양경희(2021), 국어과 교수·학습을 위한 질문 연속체 설계 방안 연구, 한국초등국어교육학회

이소라(2017), 인식론적 신념이 독자 신념과 다문서 읽기 전략에 미치는 영향, 한국독서학회

이수진·이경화(2018), 질문 중심 국어과 교과서의 개발 방안-2015 초등 국어과 교과서를 중심으로-, 학습자중심교과교육학회

이재기(2019), 질문 그리고 읽기 전략으로서의 국어 교과서 '날개' 분석-중학교 국어 교과서 읽기 단원을 중심으로-, 청람어문교육학회

이준웅(2009), 인터넷 공론장의 매개된 상호가시성과 담론공중의 형성, 언론정보연구소

장성민(2023), 챗GPT가 바꾸어 놓은 작문교육의 미래-인공지능 시대 작문교

참고 문헌

육의 대응을 중심으로-, 한국작문학회

조병영·김종윤(2015), 인터넷 환경에서의 읽기 부정확성에 대한 이론적 고찰, 한국어교육학회

최숙기(2017), 청소년 온라인 독자의 LESC 독해 처리 과정 모형에 기반한 읽기 교수·학습 프로그램 개발 연구, 학습자중심교과교육학회

최진호·이현우(2023), 디지털 뉴스 리포트 2023 한국, 한국언론진흥재단

최행정·부유경·신동교·여지원·이경진(2013), 제 외국의 의료행위 분류체계 비교연구, 대한의무기록협회

편지윤(2022), AI 알고리즘 기반 텍스트 환경에서 비판적 리터러시에 대한 단상, 국어교육학회

Afflerbach, P., Cho, B. Y., Kim, J. Y., Crassas, M. E., & Doyle, B. (2013), Reading: What else matters besides strategies and skills?, The Reading Teacher

Bandura, A., & Watts, R. E. (1996), Self-efficacy in changing societies, Journal of Cognitive Psychotherapy

Barrett, T. C.(1976), Taxonomy of reading comprehension, Teaching reading the middle class

Bråten, I., Britt, M. A., Strømsø, H. I., & Rouet, J. F. (2011), The role of epistemic beliefs in the comprehension of multiple expository texts: Toward an integrated model, Educational Psychologist

Chen, R. (2020), Editorial: Avoiding unconscious bias in media consumption, The

McMaster Journal of Communication

Cho, B. Y., & Afflerbach, P.(2017), An evolving perspective of constructively responsive reading comprehension strategies in multilayered digital text environments. In S. E. Israel (Ed.), Handbook of research on reading comprehension

Dillon, J. T. (1991), Questioning the use of questions, Journal of Educational Psychology

Hofer, B.(2002), Personal Epistemology as a Psychological and Educational Construct. In B. Hofer, & P. Pintrich (Eds.), Personal Epistemology

Kuhn, D., Cheney, R., & Weinstock, M. (2000), The development of epistemological understanding, Cognitive development

Karabenick, S. A., & Sharma, R. (1994), Perceived teacher support of student questioning in the college classroom: Its relation to student characteristics and role in the classroom questioning process, Journal of educational psychology

Lord, C. G., Ross, L., & Lepper, M. R. (1979), Biased assimilation and attitude polarization: The effects of prior theories on subsequently considered evidence, Journal of personality and social psychology

McPherson Frantz, C. (2006), I AM being fair: The bias blind spot as a stumbling block to seeing both sides, Basic and Applied Social Psychology

Mosenthal, P. B., & Kirsch, I. S.(1992), Understanding Knowledge Acquistion from a Knowledge Model Perspective, Journal of Reading

OECD(2018), The future of education and skills: Education 2030, Position Paper.

Pearson, P. D., & Johnson, D. D.(1978), Teaching Reading Comprehension, Rinehart and Winston.

Rouet, J. F., & Britt, M. A. (2011), Relevance processes in multiple document comprehension. Text relevance and learning from text

Sap, M., Gabriel, S., Qin, L., Jurafsky, D., Smith, N. A., & Choi, Y. (2019), Social bias frames: Reasoning about social and power implications of language. arXiv preprint arXiv:1911.03891.

Salomon, G., & Leigh, T. (1984), Predispositions about learning from print and television. Journal of Communication

van der Meij, H. (1994), Student questioning: A componential analysis. Learning and Individual Differences

Waytz, A. (2017), The Illusion of Explanatory Depth. Edge.org.

기사

세종대왕이 맥북을 던져?…챗GPT의 '환각'에 속지 않으려면, (2023. 3. 6.), 한겨레

지금은 AI 혁명 초창기 AI 활용 능력 극대화·일상화해야, (2023. 4. 3.), 한국언론진흥재단

태양은 가득히, (2023. 4. 26.), 유 퀴즈 온 더 블록 191화

Apple continues to use our own mortality as marketing, (2023. 9. 17.), The Verge

F-Shaped Pattern For Reading Web Content (original study), (2003. 4. 16.), Nielsen Norman Group

F-Shaped Pattern of Reading on the Web: Misunderstood, But Still Relevant (Even on Mobile), (2017. 11. 12.), Nielsen Norman Group

美 인종차별 분노에 아마존 "경찰에 안면인식기술 제공 않겠다", (2020. 6. 11.), 서울경제

15살 청소년이 챗지피티 활용해 작문해보니, (2023. 3. 20.), 한겨레21

웹사이트

https://www.jacksonpollock.org

https://www.edge.org/response-detail/27117

이안이 추가로 제공한 웹사이트

https://repository.kihasa.re.kr/bitstream/201002/3982/1/4739.pdf

https://repository.hira.or.kr/bitstream/2019.oak/1595/2/%EC%A0%9C%20
%EC%99%B8%EA%B5%AD%EC%9D%98%20%EC%9D%98%EB
%A3%8C%ED%96%89%EC%9C%84%20%EB%B6%84%EB%A5
%98%EC%B2%B4%EA%B3%84%20%EB%B9%84%EA%B5%90%
EC%97%B0%EA%B5%AC.pdf

https://repository.kihasa.re.kr/bitstream/201002/36560/1/%EC%97%B0%
EA%B5%AC%EB%B3%B4%EA%B3%A0%EC%84%9C%28%EC%
88%98%EC%8B%9C%29%202020-02.pdf

참고 문헌

질문에 관한 질문들
생성형 인공 지능 시대, 지식의 창조자가 되는 법

초판 1쇄 발행 2023년 12월 20일
초판 2쇄 발행 2024년 5월 21일

지은이 백희정

펴낸이 김정희
편집   김선아
디자인 강경신

펴낸곳 노르웨이숲
출판신고 2021년 9월 3일 제 2022-000108호
주소 서울시 마포구 월드컵북로 400 5층, 4호
이메일 norway12345@naver.com
팩스 0303-3443-7767

블로그 blog.naver.com/norway12345
인스타그램 @norw.egian_book

ISBN 979-11-977917-6-5 (03020)